赵寿森　主　编

王志刚　李红梅　艾栎楠　李童玲　副主编

科技企业
全面预算管理特色
实务与操作指引

Practical and Operational Guidelines for
Comprehensive Budget Management in
Technology Enterprises

中国财经出版传媒集团

经济科学出版社
Economic Science Press
·北京·

图书在版编目（CIP）数据

科技企业全面预算管理特色实务与操作指引 / 赵寿森主编；王志刚等副主编. --北京：经济科学出版社，2024.9. --ISBN 978-7-5218-6300-0

Ⅰ. F276.44

中国国家版本馆CIP数据核字第2024BZ3390号

责任编辑：武献杰
责任校对：刘　娅
责任印制：邱　天

科技企业全面预算管理特色实务与操作指引

KEJI QIYE QUANMIAN YUSUAN GUANLI TESE SHIWU YU CAOZUO ZHIYIN

赵寿森　主编

王志刚　李红梅　艾栎楠　李童玲　副主编

经济科学出版社出版、发行　新华书店经销

社址：北京市海淀区阜成路甲28号　邮编：100142

编辑部电话：010-88191441　发行部电话：010-88191522

网址：www.esp.com.cn

电子邮箱：esp_bj@163.com

天猫网店：经济科学出版社旗舰店

网址：http://jjkxcbs.tmall.com

固安华明印业有限公司印装

787×1092　16开　15印张　240000字

2024年9月第1版　2024年9月第1次印刷

ISBN 978-7-5218-6300-0　定价：98.00元

（图书出现印装问题，本社负责调换。电话：010-88191545）

（版权所有　侵权必究　打击盗版　举报热线：010-88191661

QQ：2242791300　营销中心电话：010-88191537

电子邮箱：dbts@esp.com.cn）

编委会

前言
preface

在当今复杂多变的经济环境中，企业面临着前所未有的挑战与机遇。随着市场竞争日益激烈，企业管理精细化与科学化成为决定其生存与发展的关键因素之一。全面预算管理，作为现代企业管理体系中的重要组成部分，不仅关乎企业资源的优化配置，更是实现企业战略目标、提升经营效率、控制成本与风险、增强市场竞争力的重要手段。

科技企业作为技术创新的主体，具有技术含量高、创新能力强、人才密集、知识密集、市场导向等特点，是促进科技进步和产业升级的重要力量，也是新质生产力的关键推动者。面对快速更新迭代的技术、产品、服务，如何更好地跟上市场需求、提升核心竞争力，是科技企业立足的关键，也关系到国家新质生产力发展。

《科技企业全面预算管理特色实务与操作指引》一书，正是基于这一背景应运而生，旨在为企业管理者、财务人员及所有参与预算管理工作的同仁提供一本系统、实用、易于上手的操作指南。本书汇聚了科技集团企业多年在全面预算管理领域的实践经验与理论研究成果，结合切身的管理理念与成功案例，力求为读者呈现一个全面、深入、可操作的全面预算管理框架。

作为科技集团企业全面预算管理工作的亲历者，本书编委会成员都深度参与了全面预算管理从无到有、从有到优的全过程。从设计第一套全面预算报表到形成 6 大类 56 项指标构成的指标体系，从撰写第一份全面预算报告到第一次印发编制指南，从年度预算分解方案到管理工具灵活运用、降本增效取得实效，全面预算从不被人理解甚至抵触，最终成为整个集团的行动自觉。在全面预算完成华丽转身的过程中，我们经历了各种挑战和磨砺，通过实践探索出一条具有科技企业特色的全面预算管理方法，希望能够通过本书与各位进行交流。

本书立足科技企业特点，从全面预算管理的基本概念出发，深入浅出地阐述了全面预算管理的重要性、原则、流程及其在企业运营中的具体应用。我们不仅关注预算的编制技巧与方法，更重视预算的执行、监控、调整与考核等关键环节，旨在帮助读者构建起一套闭环的预算管理体系。同时，书中还针对企业在实施全面预算管理过程中可能遇到的各种问题与挑战，提供了丰富的应对策略与实战技巧，助力企业实现预算管理的精细化与高效化。

此外，本书还特别强调了预算管理与其他管理系统的融合与协同，如与战略管理、绩效管理、成本管理等相结合，以形成企业管理的合力，共同推动企业持续健康发展。我们相信，通过本书的引导与实践，读者将能够更好地掌握全面预算管理的精髓，并将其转化为推动企业成长壮大的强大动力。

最后，我们诚挚地希望本书能成为广大企业管理者的得力助手，为企业在激烈的市场竞争中赢得先机、实现可持续发展贡献一份力量。同时，我们也期待与业界同仁共同探讨、交流预算管理的新理念、新方法，共同推动中国企业管理水平的不断提升。

在编写过程中，本书参考了相关书籍和资料，在此向有关人员一并表示感谢。由于我们水平和写作时间有限，书中难免存在不足，在此恳请广大读者批评指正，以便再版时修正。

本书编委会

2024 年 9 月

目录
Contents

第1章 全面预算管理概述

1.1 全面预算管理是什么

1.1.1 全面预算管理是综合管理控制方法

根据财政部《管理会计应用指引第200号——预算管理》，预算管理是指企业以战略目标为导向，通过对未来一定期间内的经营活动和相应的财务结果进行全面预测和筹划，科学、合理配置企业各项财务和非财务资源，对执行过程进行监督和分析，并对执行结果进行评价和反馈，指导经营活动的改善和调整，进而推动实现企业战略目标的管理活动。著名的管理学家戴维·奥利说："全面预算管理是为数不多的几个能把组织的所有关键融合于一个体系之中的管理控制方法之一。"华为公司对全面预算管理的定义，是一项全员参与、全方位管理、全过程控制的综合性、系统性的管理活动。

全面预算管理是综合管理系统，融合战略管理、业务管理、投资管理、财务管理、风险管理、考核管理等于一体。如图1-1所示。

图1-1 全面预算管理系统构成

资料来源：2018年8月2日，集团经济运行工作会议报告《用通俗的会计语言解读企业的经济活动》。

1.1.2 全面预算管理核心是业业、业财融合

全面预算管理包含业务预算和资金预算两大体系。先举一个简单的例子，如某个公司做机关费用的年度全面预算，就是各部门首先要预测这个年度本部门有多少人，要做什么事，比如出差开会、请中介等，要花多少钱，将"人+事"合起来就是业务预算。将花的钱按会计要求进行分类归并，并计算出额度就是资金预算。把业务预算、资金预算按一定的规则勾稽在一起就形成了全面预算。再举一个复杂点的例子，如某个生产企业编制年度全面预算，关键内容如图1-2所示。将其各环节预算归类来看，也可以分为业务预算、资金预算两大类。

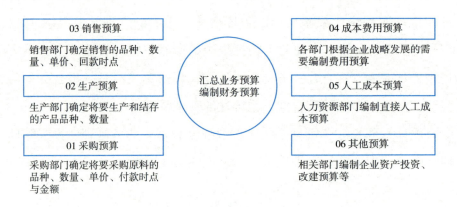

03 销售预算
销售部门确定销售的品种、数量、单价、回款时点

02 生产预算
生产部门确定将要生产和结存的产品品种、数量

01 采购预算
采购部门确定将要采购原料的品种、数量、单价、付款时点与金额

汇总业务预算编制财务预算

04 成本费用预算
各部门根据企业战略发展的需要编制费用预算

05 人工成本预算
人力资源部门编制直接人工成本预算

06 其他预算
相关部门编制企业资产投资、改建预算等

图1-2　生产企业预算编制主要环节

资料来源：2018年8月2日，集团经济运行工作会议报告《用通俗的会计语言解读企业的经济活动》。

在编制过程中，业务预算是经济基础，资金预算是上层建筑，业务预算要匹配资金预算，资金预算也要约束业务预算。在资金一定的情况下，业务要按照"轻重缓急"原则开展，急重先行，缓轻后进。

全面预算管理必须与业务流程相结合。业务是企业的管理核心，是业务就要发生费用，因此业务流程是全面预算管理的基本出发点。全面预算管理首先要厘清各业务流程节点，然后梳理出各个流程的费用预算，这样才能真正做到

业财融合。要使每一个员工都清楚自己在业务流程中的位置，清楚自己要干什么、怎么干，干这个流程要花多少钱，通过全面预算管理，建立起每个岗位的责权费，从而为以后的管理提升打下基础，实现管理的全员化。[①]

从根本上说，业务预算对应业务，资金预算对应财务，全面预算管理的核心就是业业融合、业财融合。

在全面预算管理过程中，业业融合是难点，业财融合是痛点。业业融合只要业务部门看开了，格局到了就不难。业财融合是真难真痛，它不但是眼光的问题，格局的问题，更是一个跨界的理念与技术的问题。

业财融合具有三个特性：一是业财融合是静态的，它是货币的两面。其中"静止的"货币本身就是业财及其融合的载体。对会计而言，要求的是"核算会计"。核算会计就是以事后算账为主体内容的会计。二是业财融合是动态的，它像一个人行动过程中的两条腿，要求协同。其中作为主体的人是"动态的"，可以分为婴幼儿时代、青葱岁月时代、中年时代、老年时代等，不同的时代对两条腿的要求是不一样的。这里隐含了世界是系统的哲学内涵。对会计而言，要求的是"预算会计+核算会计"。三是业财融合是个过程，是业财互融互鉴的过程。这个过程的载体是体制、机制，是"生态的"，是动静结合体。从生态这个角度看过去，这个过程既是静止的，又是运动的；既是物理的，又是化学的；既是欢乐的，又是难熬的。业财融合是业务人员的思想行为，财业融合是财会人员的思想行为，业业融合是大家共同的思想行为。财会人员要知道：会计核算与财务管理的对象是业务，不同业务、业务的不同阶段，会计核算所运用的准则、会计科目、业务管理办法是不一样的，财务制度的运用也是不同的。业务在不断发展变化中，财会也要与之偕行，如影随形，如影随心。这其中体现了世界是万物互联的哲学内涵。对会计而言，要求的是"战略会计+预算会计+核算会计"。[②]

---

① 集团财务简报-2019增刊2-全面预算管理工作专报。

② 2024年4月23日，集团公司习近平新时代中国特色社会主义思想干部研学班（第5期）上的演讲稿《中层管理者应具备的基本职业素质》。

1.1.3　全面预算管理是纵横贯通的管理体系

国务院国资委2022年发布《关于中央企业加快建设世界一流财务管理体系的指导意见》，要求各央企不断完善纵横贯通的全面预算管理体系。那么横向、纵向都分别是什么内容呢？

全面预算编制中要按"业务预算"和"资金预算"两大体系，纵向按照业务条线和管理层级，横向按生产经营管理流程与环节，做到横向到边、纵向到底，形成一张网格化的立体柱状图。如图1-3所示。

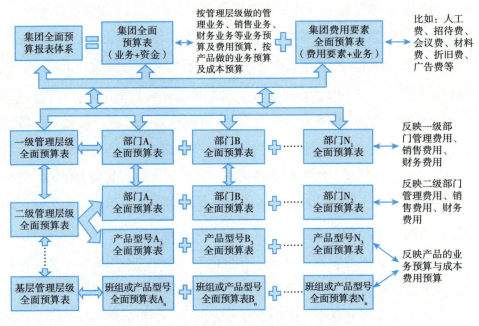

图1-3　纵横贯通的全面预算编制示意图

资料来源：2018年8月2日，集团经济运行工作会议报告《用通俗的会计语言解读企业的经济活动》。

同理，全面预算的执行、控制、考核等，都需要按照上述纵横贯通的架构来开展，最终形成贯穿企业科研、生产、经营等全业务链条的管理系统。

1.1.4　全面预算管理的特点在于全面

全面预算的全面性体现为全员参与、全过程管理和全方位预算。全员参与是指全面预算管理涉及公司各部门，需要统一协调配置内部资源，全员参与、共同完成，任何环节出现问题都会影响整体效益；全过程管理是指预算管理活动从编制、执行控制、考核分析、绩效评价及奖惩均渗透到公司科研生产经营活动中的每个环节，将企业的人、财、物全部纳入全面预算管理体系，表现为全过程的预算管理；全方位预算是指预算管理包括经营性预算、资本性预算、资金预算、财务预算等各方面的预算。

通过业务全覆盖、过程全监控、全员共参与、方位全渗透，使每个人都能明确工作目标、工作方向，真正做到将公司发展战略、经营计划贯彻到公司每一个基层细胞。这种全面性，能够使广大职工增强成本意识、管控意识、节约意识和协同意识，并夯实了全面预算管理的基础，充分保证了全面预算管理的执行效率与效果。[①]

1.2　全面预算管理有什么用

1.2.1　促进战略目标落地

做全面预算的目的就是要"谋定而后动""不打无准备之仗"。[②]

企业战略是为实现企业总体目标，对企业未来基本发展方向作出的长期

---

① 集团财务简报–2019增刊10–全面预算管理工作专报。
② 2018年8月2日，集团经济运行工作会议报告《用通俗的会计语言解读企业的经济活动》。

性、总体性规划。全面预算管理是企业在战略规划的基础上，结合企业自身能力、资源状况、内外部环境、国家政策等，确定企业年度预算目标及实现目标的详细措施，它是实现企业战略的具体行动计划。全面预算管理将企业长期发展规划和年度具体行动方案紧密结合起来，有效地组织和协调公司经营活动涉及的生产、销售、人力、采购、投资等各项活动，保证战略目标的贯彻执行和年度经营目标的实现。[①]

以A科技企业集团（以下简称A集团）为例，每年围绕股东考核目标，结合集团管理需求，持续优化全面预算批复指标体系，已形成由6大类56项指标构成的指标体系。每年会对每项指标逐一确定分解原则，研究并印发《全面预算分解及重点工作落实方案》，作为集团公司科研生产经营的工作任务书、重点工作指导书、全年工作手册，确保各项任务层层分解，助力集团战略落地。[②]

1.2.2 优化资源配置

全面预算管理把企业科研生产经营活动的全过程全部纳入统一规划中，通过编制年度全面预算，将企业战略规划和年度经营计划分解到各个责任单位或部门，并保持与公司年度经营目标、战略目标协调一致。通过预算的编制，将企业有限的人力、物力、财力等资源加以整合、协调、分配到企业生产经营过程中的各个环节中去，深挖公司全部资源的价值创造力，实现企业资源的优化配置，提高企业的经营效益。[③]

全面预算管理培养的正是企业预的能力和算的能力，通过对投资活动、经营活动和财务活动的全面预算和控制，实现各种资源的最佳配置，使企业的综合竞争能力得到有效提升；先预、再算、后花，这是全面预算管理的关键所

---

① ③ 集团财务简报–2019增刊10–全面预算管理工作专报。
② 2023年7月24日，全面预算之财务管理专题现场交流会（常州）总结报告。

在，也是企业规范意识的体现。[①]

1.2.3　提升企业管理水平

全面预算管理看似只是梳理了一下各个业务环节的财务数据，其实在梳理过程中就会反映出企业的管理缺陷。实施全面预算管理的过程，就是消除各业务条线之间的壁垒，打通管理链条各环节梗阻的过程。全面预算把条线分割的各类各项管理串起来，形成协调运转的管理系统，对提升企业整体管理水平无疑具有重要作用。[②]

全面预算管理是一个闭环的管控流程，实施过程包括事前控制、事中监管和事后考评分析。事前控制就是通过编制预算，确定各单位或部门、员工年度工作目标，控制企业资源应用；事中监管就是对预算执行过程进行管理和监督，通过对实际执行情况与预算目标进行对比分析，发现问题，及时采取措施，保证年度目标的实现；事后控制就是对预算执行情况进行检查核实并作出评价，体现资源的利用效率。全面预算管理过程就是企业管理诊断提升的过程，全面预算管理的实施将企业的管理方式从粗放型逐渐向集约型转变，实现企业资源利用最大化，提升企业管理的精细化水平。[③]

1.2.4　降本增效、价值创造

全面预算管理不仅是算清各个流程环节的成本费用，更重要的是要通过分析各环节的成本费用发生情况，找出降本增效的途径，采取相应的措施，实现真正意义上的降本增效，这才是全面预算管理的目的。[④]

[①]　集团财务简报–2019增刊1–全面预算管理工作专报。
[②][④]　集团财务简报–2019增刊2–全面预算管理工作专报。
[③]　集团财务简报–2019增刊10–全面预算管理工作专报。

全面预算管理是一种科学的综合管理方法，内涵非常丰富，有很多实用的工具可以灵活运用，能够为企业创造大量价值。A集团在推进全面预算管理过程中，为解决遇到的难点痛点问题，进一步深化业业、业财融合，先后选定了七项重点工作作为抓手，精准发力：项目经理人队伍建设、量本利速算法、定额管理、造价管理、预算监控与考核、预算信息化、预算编制手册，为集团公司价值创造与提升贡献了理念与抓手。

随着工作推进，全面预算从抽象概念变为了实操工具，从方向指引变为了真实案例，有效促进并改善了A集团各单位的经营模式和盈利模式，在价值管理创造方面取得显著成效：一是以全面预算把握价值规律。建立以销售预算为起点，以财务三张报表为终点的预算编制流程；强化全面预算管理的价值导向，形成"三上三下"的预算确定路径，促进"一利五率"持续提升；优化全面预算闭环管理，强化预算过程监控和结果考核，开展经济运行过程预警，建立分类考核体系，引导企业发展方向。二是以全面预算修补价值管理薄弱点。2018年以来，制定项目经理责任制相关制度99项，聘任项目经理人855人，开展项目3812项，累计创造营业收入260.8亿元；制定量本利速算相关制度23项，建立的量本利速算模型已经对1376个项目进行了测算，大大提高了招投标快速报价以及产品定价的响应速度；制定定额管理、造价管理相关制度55项，累计节约成本6.8亿元。三是以全面预算促进管理效率大幅提升。集团公司及所属各单位的月度分析、年度预决算的速度越来越快，质量越来越高，管理层耗在数据等待上的时间不断减少，支撑了决策成本不断降低，决策速度不断加快。[①]

---

① 2024年1月8日，集团公司企业负责人会议暨二届三次职代会上的提升价值创造能力专项报告《打造优质的经营模式和盈利模式 推动价值创造不断跃上新台阶》。

1.3 科技企业全面预算管理特色

1.3.1 科技企业的内涵

科技企业通常是指持续开展科技创新活动、有一定的科技研发投入、拥有一定的科技人员、具有自主知识产权或专有技术，以技术开发、技术转让、技术咨询、技术服务和科技产品的研究、开发、生产及经营为主要业务的企业。如从事新一代信息技术、新材料、高端装备制造、节能环保、新能源、生物与新医药、海洋高新技术及应用高新技术改造和提升传统产业等领域的产品开发与制造或新技术开发应用和从事技术服务的企业。这类企业通常具有技术含量高、创新能力强、人才密集、知识密集、市场导向等特点。科技企业通过持续的技术创新，促进科技进步和产业升级，是新质生产力的关键推动者。

在科技企业中有一类很有代表性的企业，称为"科工企业"，具体含义是"科技与工程企业"（technology and engineering enterprise），主要经营业务包含产品的开发、制造、销售、咨询服务；工艺技术的开发、咨询服务；工程的咨询、勘测、设计、总承包、监理和生产服务等。科工企业的核心内容是科技和工程，既有产品研发、生产，又有工程设计和总承包。从所属单位的类型来看，主要有研究院（产品研发、生产及销售）和设计院（勘察设计工程、工程总承包）等。A集团就是一家极具代表性的科工企业，兼具了科技和工程的双重属性。

本书结合全面预算管理理论和科技企业多年实践经验，总结了很多特色做法和经验，希望能够为同类型企业提供一些有益的借鉴和参考。这里先对特色内容做简单介绍，后面在各章节中再逐一进行展开说明，这是本书一条鲜明的主线。

1.3.2　坚持准则，不做假账

坚持准则，不做假账是我们对胜利的选择。[①]建立预算编制模型需要大量历史数据，预算执行分析需要最新的经营数据，分析结果将直接影响企业管理层的决策。在全面预算管理中，会计核算是基础。基础不牢，地动山摇。因此要做好、做实全面预算管理，必须坚持的一道底线就是"坚持准则、不做假账"。这是会计从业人员的基本职业道德和行为准则，也是每个企业都应遵循的基本规则，需要从领导到员工都绷紧这根弦，同时也要从操作层面做好规范和培训，最终形成"不敢造假、不能造假、不想造假"的思想自觉和行动自律。相关内容将在第5章5.1小节"预算执行数据管理"中展开说明。

1.3.3　零基础编制预算

本书编写的一个最主要目的，就是想让零基础的人读了这本书后，能够知道怎样去做全面预算管理。其中，编制预算是最关键的环节之一。如何零基础编制预算，是本书的特色内容。

对于零基础的情况，建议以工资为起点编制预算，先算一算企业有多少人员，需要付多少工资，然后算一算有多少房租水电折旧（成本费用），要覆盖这些成本费用需要多少合同、收入来支撑，需要做哪些工作、付出什么努力才能实现这些合同和收入，概括来说，就是从"财"（工资）到"业"（岗位工作）的编制思路。相关内容将在第3章3.1小节"零基础编制预算"中进行详细介绍。

---

① 2024年1月8日，集团公司企业负责人会议暨二届三次职代会提升价值创造能力专项报告《打造优质的经营模式和盈利模式 推动价值创造不断跃上新台阶》。

1.3.4 "三上三下"预算编报流程

企业预算编制需要"上下结合",既要考虑企业战略目标,也要考虑实体单位经营实际,既要考虑股东的考核要求,也要考虑怎样分解才能确保完成考核目标。这是一个上下协调、统筹平衡的过程,是需要技巧和方法的。A集团通过多年的实践探索,最终形成了"三上三下"的特色预算编报流程,对上衔接股东考核目标、集团发展规划,对下联通各实体单位的预算和考核目标,助力形成"上下一盘棋"的良好局面。具体内容在第4章"预算批复下达及分解"展开进行说明。

1.3.5 价值管理

2017年党的十九大报告就明确指出,我国经济已由高速增长阶段转向高质量发展阶段。同年出版的《价值为纲——华为公司财经管理纲要》一书中指出,华为公司的经营目标是追求公司长期有效增长,其内涵包含追求有利润的收入,有现金流的利润,提升核心竞争力,追求公司长期价值等。近几年国务院国资委提出的"一利五率"指标体系,突出了新阶段实现高质量发展、提升核心竞争力和建设世界一流企业的新要求。这些都是与价值管理理念一脉相承的。

树立价值管理的理念,观念转变要实现从规模效益到效益质量转变。当下,已经不再是卖得越多越好,而是要提高经营效率及项目管理能力。价值管理是对公司价值关键驱动因素的管理,而关键驱动因素涵盖资本、资金、资产的管理,包含在公司从最高层的战略决策到前端的业务经营,再到中后端的职能管理等各方面日常性经营管理活动过程中。[①]

A集团结合实际业务建立了具有科技企业特色的价值管理体系，要求"不要没有收入的合同，不要没有利润的收入，不要没有现金流的利润"，建立了"三项经营流程、四种绩效能力"的价值分析模式，从新签销售合同额、营业收入、净利润、经营活动现金流净额四个规模指标开展经济运行基础、经济运行过程、经济运行结果三种经营业务活动流程分析，从总资产周转率、净资产收益率、人工成本利润率、净现比四个效率指标开展经营能力、盈利能力、创造能力、发展能力四种能力分析。[②]

实践证明，通过价值管理，能够助力企业实现有质量的增长，获得持久性的动力、可持续的价值，促进企业行稳致远。具体情况将在第5章5.2小节"预算执行分析"中详细介绍。

1.3.6 技术成熟度评价体系

作为科技企业，如何将科技与财务及其他各项业务更好地融合，把科技管理与考核，做到可量化、结果化、价值化，是值得深入思考的问题。技术成熟度评价体系是解决这个问题的有效工具。

技术成熟度，又称技术就绪指数，是指科技成果的技术水平、工艺流程、配套资源、技术生命周期等方面所具有的产业化实用程度，反映了技术对于项目预期目标的满足程度。[③]技术成熟度评价体系是按照技术成熟度分级标定，将科研投入和成果产出标准融入各阶段考核，进而形成一套符合科研规律、真实反映创新贡献的评价标准和方法。科技部门将新技术、新产品研究开发所处的不同技术成熟度阶段，作为研发经费投入管理的考量指标之一；投资管理部门

[①] 2022年4月11日，集团一季度安委会（扩大）会议及经营工作会议报告《关于集团公司2022年一季度经济运行情况的通报》。

[②] 2023年3月1日，集团公司2023年度财务工作会议《集团公司2023年财务工作报告》。

[③] 2024年4月23日，集团公司习近平新时代中国特色社会主义思想干部研学班（第5期）演讲稿《中层管理者应具备的基本职业素质》。

对技术成熟度高、具备产业化的科技成果及时开展投资前期研究工作，推动科技成果转化，提高科研对产业发展的贡献度。[①]

打个比方，技术成熟度就像是一种"科技普通话"，虽然不能让其他部门了解科研项目的具体内容，但是能够快速知道科研项目所处的阶段。技术成熟度评价体系就是让科技企业根据技术成熟度等级，个性化地考核、评价科研项目，探索与之相适应的资金支出或投资方式、累计投入额，对科技人员贡献量化确权，为精准科技项目管理和投入提供指南性工具[②]。这是全面预算管理理念在科技管理上的生动应用。相关内容将在第6章"预算考核"中展开介绍。

1.3.7　科技乙方

"科技乙方"是指具备技术创新能力、掌握核心技术的承包商，针对特殊工程项目的疑难点量身定制解决方案，并负责具体组织实施，确保业主的需求得以满足。与工程施工乙方相比，"科技乙方"以科技创新抢占市场先机，在项目立项及论证期间介入，以领先的技术在工程投标占据优势，占据较高的市场份额，从而实现企业的高质量发展。"科技乙方"是"技术+装备+工程"整体解决方案的提供商，在实施过程中对新出现的技术难题即时研究解决能力更加突出。[③]

科技乙方的商业服务模式避免了传统项目在价格、投入、资源上低水平竞争的局面，为科技企业开辟了一条高质量发展的赛道。具体内容在第3章3.4小节"业务预算"中详细介绍。

---

① 2024年1月8日，集团公司企业负责人会议暨二届三次职代会上的提升价值创造能力专项报告《打造优质的经营模式和盈利模式　推动价值创造不断跃上新台阶》。

② 2023年10月16日，集团公司三季度经营会议报告《树牢全面预算管理理念　夯实经营管理基础　应对经济复杂的变化》。

③ 赵寿森，富强."科技乙方"商业服务模式创新及应用［J］.煤炭工程，2024，56（5）：1-7.

1.3.8　信用工资

对科技企业而言，创立初期或转型关键期可能会出现效益大幅下滑甚至亏损的情况，但企业发展方向又是符合集团整体未来战略需求的，针对这种情况，科研人员的工资怎么保障呢？可以为困难企业和个别新设企业提供"信用工资"，允许其通过向集团寻求适当"政策支持"以及"借支归还"的方式，解决工资总额缺口。[①]

信用工资是在利润总额与工资总额挂钩的情况下，兼顾以人为本的理念，临时"借给"困难企业和个别新设企业的薪酬。信用工资能够帮助企业熨平效益起伏带来的工资波动，让员工薪酬平稳过渡。具体内容将在第6章"预算考核"中展开说明。

1.3.9　项目经理职级挂钩

项目经理职级挂钩是指将项目按规模划分级别，高级别项目的项目经理，可以认定相关行政职务履历，如1亿元及以上项目的经理、支部书记认定基层正职领导人员履历，项目副经理认定基层副职领导人员履历等。项目经理职级挂钩打通了项目经理与行政管理的通道，能够吸引更多优秀的项目管理人才。具体内容将在第8章8.1小节"项目经理人队伍建设"进行介绍。

1.4　全面预算管理推进中的常见问题

1.4.1　零基础，没思路，不知从何下手

全面预算管理的推进是一项系统工程，零基础的人员去做，往往会觉得找

[①]　2023年3月1日，集团公司2023年度财务工作会议上的财务工作报告。

不到切入点，不知该从哪个点发力。科研、销售、生产、采购，原材料、人工、存货、应收账款，收入、成本、利润、现金流，庞杂的企业管理体系千头万绪，到底哪里是全面预算的起点，哪里是终点呢？各个要素是怎么联通成一个有机整体的呢？怎么通过推进全面预算管理提升这个有机整体的运转质量和效率呢？要搞清楚这些问题，就必须捋清楚全面预算管理的脉络。

全面预算的源头是业务，从销售人员手中的订单、合同，到采购人员的采购清单、仓库管理员的出入库清单、车间班组的生产计划和材料领用清单，再到财务人员的发票、付款、账务，再到每个员工拿到手的工资，全面预算就是串起这些事项的主线。在这条线上，实物最终变为价值，这个价值于企业而言就是利润，于个人而言就是工资薪酬。通过全面预算这个工具，业务最终与财务融合、与薪酬融合。[①]

全面预算的脉络，就是做好全面预算管理的路径。只要耐下心来，沿着这条脉络，一点一点地梳理、优化，打破壁垒、疏通堵点、痛点，最后实现上通下达、互相融通的效果，就一定能做好全面预算管理。

1.4.2　阻力大，推不动，工作开展困难重重

全面预算管理推进过程中，涉及多部门互相配合，不是财务单打独斗能够完成的。如果全面预算没有企业领导层的大力支持，没有做好理念宣贯和培训，直接由财务部门牵头去做，一定会困难重重。业务部门会不理解，为什么预算越搞越复杂，为什么财务的工作要业务部门参与，甚至还会觉得财务越界了，各种质疑、抵触、不配合的情况都会出现。最后很有可能出现的结果就是，财务部门承担了业务部门的工作，最后在预算执行时还会被业务部门抱怨预算编制不合理。

领导重视和参与是全面预算管理的实施前提。全面预算管理是主要领导人

---

① 2024年4月23日，集团公司习近平新时代中国特色社会主义思想干部研学班（第5期）上的演讲稿《中层管理者应具备的基本职业素质》。

工程。全面预算管理的流程和操作方法不难理解，难的是如果企业的管理体制不健全、不到位的话，在深入展开这些流程和操作时，就会发现面临要数据没数据，要制度没制度的窘境，面临着全面预算管理无从下手的窘境。要完善企业的这些管理体制，理顺管理业务流程，确定各个业务流程的财务数据，没有主要领导人的亲自参与和决断是做不到的。因此，主要领导人首先要真正从思想上认识到全面预算管理对于企业完善管理体制、理顺业务流程的重要意义和作用，坚定推进全面预算管理的信心和决心，进而利用全面预算管理这个工具改善管理，控制成本。[①]从全面预算成功的经验来看，要做好这项工作，只有一把手高度重视，才能取得成果。没有哪个部门能够单独推动全面预算工作的开展，一定是主要领导来亲自抓。[②]

此外，还有做好全面预算宣贯，让全面预算理念入脑入心，切实把全面预算作为战略落地、加强管理的主要抓手，深刻识到全面预算工作的协同性和全员参与性。

1.4.3 空喊口号，做不实，功夫停留在表面

在推进全级次企业的全面预算管理过程中，发现有的企业一直停留在喊口号阶段，迟迟不见实际行动，没有落到企业经营生产的各环节中去，更谈不上取得实际效果。一问起来，就是强调本企业的特殊性，推行起来有困难，甚至说本企业不适用全面预算管理。这是思想不积极、态度不端正的问题，总想着蒙混过关、应付了事。

对于以上这种情况，可以运用考核这一工具，在年初下达考核目标时，除了各种量化的考核指标外，还要明确将全面预算作为专项工作进行考核，对没有按要求完成规定动作的单位，给予考核结果降级的惩罚。该项考核政策的威

---

① 集团财务简报–2019增刊2–全面预算管理工作专报。

② 2019年10月29日，2020年全面预算工作布置会报告《扎实开展全面预算管理 推动集团高质量发展》。

慑作用远大于惩罚本身，可以倒逼各单位重视起来，行动起来。

做全面预算管理工作的关键词是"动起来"。不怕慢，就怕站，不行动只能永远停留在原地。推动全面预算工作有一个逐步完善提高的过程，起步阶段难免左右支绌，需要有一个良好心态，就是"丑媳妇不怕见公婆"。做好全面预算工作最根本的要解决认识问题，涉及的新思想新观念，要靠灌输。灌与输，要有渠道，要有压力，要有方式与方法。①

---

① 集团财务简报–2019增刊1–全面预算管理工作专报。

第2章　全面预算管理组织

2.1　破　　冰

2.1.1　学习理论政策

加强理论学习。学习全面预算的相关理论知识，对比传统预算，全方面学习全面预算相关的新知识。可参照财政部等五部委印发的《企业内部控制应用指引第15号——全面预算》、财政部发布的管理会计应用指引第200号预算管理、201号滚动预算、202号零基预算、203号弹性预算、204号作业预算，以及财政部会计司编写的《管理会计案例示范集》。

加强政策学习。认真研读财政部、国务院国资委的各项相关政策制度以及文件要求，明确要达到什么标准，要从哪些方面提升，打好理论基础。如国务院国资委2011年印发的《关于进一步深化中央企业全面预算管理工作的通知》明确指出，要从完善全面预算管理组织体系、树立全面预算管理理念、坚持战略引领与价值导向、改进预算编制方法、积极推动对标管理、加强关键指标预算控制、强化预算执行监控与分析、加强预算执行结果考核、大力推进信息化建设等方面来做好全面预算管理工作。这是非常实用的工作指南。

通过购买全面预算管理方面的书籍、收集全面预算管理的各种资料、邀请专业人员培训等方式，学习储备全面预算管理知识，把握全面预算管理的实质。并经过研讨沟通和调研分析，摸清公司实施全面预算管理的基础条件，为符合企业实际的全面预算管理体系建立、实施方案和计划制定及实际工作落地实施奠定基础。[①]

---

① 集团财务简报–2019增刊3–全面预算管理工作专报。

2.1.2　外出调研学习

对于新的事物，最有效、最直接的学习方式就是到有优秀经验的单位调研学习。这个方法不仅适用于全面预算管理破冰阶段，在试点阶段、全面推进阶段，如果在推进工作时遇到瓶颈，调研学习是很实用的开拓视野、打开思路的方法。

学习调研时需要注意的是，最好选取业务相似度较高的企业，调研前要对调研对象有较为充分的了解，能够清楚知道其有优势的方面有哪些，调研的主题要明确清晰，要将调研需求提前与被调研单位沟通，协商好调研的形式、被调研人员的范围等事项，以提高调研效率。

2018~2019年，A集团先后到中煤集团、中航油、南航等央企调研全面预算工作。2020年，A集团组织不同类型企业分组赴中石化的定额中心、胜利油田分公司、工程公司、重庆西南项目部和中石油宝鸡石油钢管公司调研定额管理、项目经理人队伍建设、量本利速算法等，学习优秀经验做法，对工作开展起到很好的指导作用。[①]

2.1.3　问题诊断

在探索推进全面预算管理时，借助外部专业力量也是一个选择。全面预算管理作为一项较为成熟的管理工具，很多咨询公司可以为企业提供专业的服务。只有找准问题，直击痛点，才能先苦后甜。

A集团所属二级生产企业B聘请中介机构，积极借助外脑深度参与管理诊断，在诊断出的十条核心问题基础上，有针对性地开展全面预算管理，协同推动工作开展。

---

① 2021年3月2日，集团公司安全生产暨全面预算工作会议上的工作报告《凝心聚力 以全面预算管理为抓手 持续推动集团高质量发展》。

诊断出的十条核心问题：（1）目前企业正处于导入预算管理体系到提升预算管理体系过渡的阶段。因此，当前主要任务是尽快建立全面预算管理闭环，对核心工作进行重点提升。（2）企业"十三五"规划提出了"1331"战略目标，重点关注综合管理、经济运行、可持续发展三类指标，预算管理将在众多战略举措和关键措施中发挥重要作用。（3）企业年度计划执行好、月度经营计划执行难，多种主、客观因素交叉影响计划实施。如何对主、客观因素进行甄别是下一阶段加强对月度经营计划达成情况考核评价的关键。（4）企业已经建立了全面预算管理的组织体系，三个层次的组织都初具雏形，作为执行环节的全面预算管理办公室还需运行磨合。（5）企业预算编制工作在过去三年一直在推进，积累了一定的经验，取得了一定的成果，但预算编制的准确性、科学性、可操作性仍需进一步探索和考究。（6）预算调整目前存在"调整幅度大、程序控制弱，调整过于频繁"等突出问题，建议从"完善制度、优化流程、支持生产、纳入管理"四方面对预算调整工作进行改进，把预算调整变成预算管理的常规手段。（7）预算控制效果评价方面，企业量控制得好，价控制得差；年控制得好，月控制得差；部门预算控制得好，跨部门预算控制得差；整体上预算控制需要加强。（8）预算考核仅在部分领域、部分部门展开，考核指标尚未实现全覆盖。（9）预算管理制度与流程目前已经完成部分建设工作，但是需要建立和完善的依然很多，未来需要形成预算管理手册，便于规范管理。（10）目前已有OA、SAP两套信息系统，但两套系统没有上线预算管理模块，尚有部分预算管理的功能难以实现，全面预算管理的信息化工作需进一步强化和提升。[①]

企业可以根据自身情况，选择自己梳理、查找问题，或者借助中介机构进行诊断，最终目的都是要清晰地认识本企业所处的全面预算管理阶段，当前存在哪些突出问题，下一步建设和优化的方向是什么。

---

① 集团财务简报–2019增刊1–全面预算管理工作专报。

2.1.4 正式启动

在对全面预算管理相关知识有基本了解、对本企业现状和问题有整体把握后，可以编写印发文件正式启动全面预算管理，着手制定本单位的全面预算管理实施方案或者计划。在正式启动环节，需要重点关注以下几方面：组建机构、明确工作原则和工作要求等。

一是组建全面预算管理专门机构。全面预算管理是一项系统工程，也是"一把手"工程，要想做好，首先要配置足够高度和宽度的组织架构，既要企业主要领导亲自挂帅，也要各业务部门全部参与。

集团全面预算管理组织一般由董事会、全面预算管理领导小组、全面预算管理工作小组构成。各预算单位均应明确全面预算决策机构、领导机构、管理机构和执行机构的职责权限、授权批准程序和工作协调机制。

董事会是集团全面预算管理的决策机构，是组织领导全面预算管理的最高权力组织，在全面预算管理中的主要职责是：审批年度全面预算方案及预算调整方案；向全面预算管理领导小组提供预算政策指导。

全面预算管理领导小组是集团全面预算管理的领导和管理机构，一般由集团公司领导班子成员组成，可由集团总经理担任全面预算管理领导小组组长，总会计师担任副组长。

全面预算管理领导小组主要职责：负责拟定全面预算的目标、政策；制定全面预算管理的具体措施和办法；审议、平衡全面预算方案；组织下达全面预算，协调解决全面预算编制和执行中的问题；组织审计、考核预算执行情况，督促所属企业完成全面预算目标。

全面预算管理工作小组是集团全面预算管理的执行机构，可由集团总会计师任组长，小组成员包括集团各部门主要负责人。其中，财务部为牵头部门，承办全面预算管理工作小组的日常工作；其他总部各部门按照部门职责具体负责相关全面预算管理工作。

全面预算管理工作小组主要职责：组织集团的预算编制；跟踪、协调、监督预算执行情况；评价与分析各预算单位预算执行情况，进行全面预算考核。

各预算单位财务管理部门在本单位全面预算管理领导小组的领导下，具体负责牵头组织全面预算的编制、审查、汇总、上报、下达、报告等具体工作，跟踪监督预算的执行情况，分析预算与实际执行的差异及原因，提出改进管理的措施和建议。

各预算单位的科研、生产、投资、物资、人力资源、市场营销等部门具体负责本部门业务涉及的预算的编制、执行、分析、控制等工作，并配合全面预算管理领导小组做好本单位全面预算的综合平衡、协调、分析、控制、考核等工作。各相关部门的主要负责人参与全面预算管理工作小组的工作，本部门预算执行情况纳入部门KPI考核。[①]

需要特别说明的是，各业务部门是有双重角色的：一重角色是负责业务条线的预算管理，包括对下级企业和本级企业的业务预算；另一重角色是负责本部门的机关预算管理，即作为企业机关部门，要做好办公费、差旅费、会议费等管理费用和专项支出预算等。

二是工作原则。在初期启动时，有些要求可以粗放一些，边开展边完善，先"有"再"优"，切忌追求完美，关键是先动起来。"三边"工作原则，即边梳理、边定责、边建设。[②]"梳理"指的是梳理各项业务流程和内控制度，找出堵点、漏洞；"定责"指的是要定人定岗定责，每个岗位的权、责、费都要有清晰的界定；"建设"指的是对发现的短板、不足进行修补完善。

三是工作要求。从全面预算管理工作开展阶段来看，分五大阶段：大梳理阶段、详梳现有制度阶段、建章立制阶段、培训阶段、全面预算信息化阶段。[③]这五阶段工作是环环相扣的，只有制度建设完善，流程梳理清楚，才能将制度流程化、流程表单化，最终实现表单信息化。

---

① 《集团公司全面预算管理办法》。
②③　2018年全面预算推进工作指南。

　　大梳理阶段：重点梳理预算制度、会计核算制度、业务制度和预算编制人员情况。摸清企业整体内控制度体系，制度分类分级及相互关联情况。梳理业务流程情况，对应业务流程，每个环节的预算编制人员情况。

　　详梳现有制度阶段：梳理现有预算制度、会计核算制度、业务制度和预算编制人员，细化出主要内容（详见图2-1、图2-2、图2-3、图2-4）。

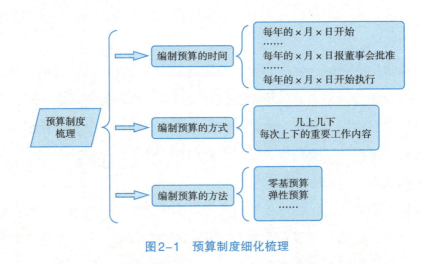

图2-1　预算制度细化梳理

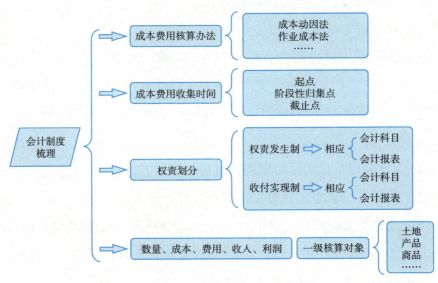

图2-2　会计制度细化梳理

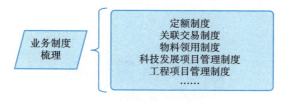

图2-3 业务制度细化梳理

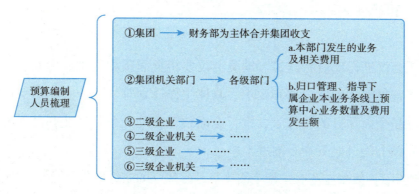

图2-4 预算编制人员细化梳理

建章立制阶段：在上述工作的基础上，按全面预算要求，编制出企业全面预算制度并对接、完善会计制度、业务制度等。

培训阶段：与全面预算有关的单位、人员要进行全员、全方位培训，特别注意要分类开展培训：对基层生产人员、机关一般工作人员要教会填有关表单；对生产管理人员、机关负责人要教会业务内容及费用计算；对财务部门人员、主要业务部门负责人及预算编制人员要教会预算制度执行及动手编预算能力；集团及二级财务部负责人要懂预算决策程序；集团总会、二级财务主管或财务负责人要学会在考核指导下的预算编制及平衡方法。

全面预算信息化阶段：先确定预算模块版本、实施商、顾问商，再按照"先重点单位、后次要单位，先核心单位、再辅助单位"的原则确定分类实施单位，按计划实施。①

---

① 2018年全面预算推进工作指南。

2.2　宣贯理念

2.2.1　动员、培训、交流

召开会议进行动员和宣讲。动员会议要将全面预算管理的内涵、意义阐述清楚，要宣贯整体工作思路和要求、具体工作计划等，要让企业每一位员工都清楚自己是全面预算的一分子，推行全面预算管理关系到企业和员工的切实利益，要鼓舞士气、上下齐心推进工作。

2019年，A集团先选取一家全面预算基础较好的二级单位，召开现场交流会，按照单位层级、二级经营单元层级、项目组层级分别总结全面预算工作开展情况并分享，内容非常实用、接地气，反响很好。随即A集团发布《关于加快推进全面预算管理工作的通知》，要求各单位参照此二级单位现场交流会模式，召开全面预算工作启动会、推进会或总结汇报会，集团公司相关领导参会督导。按照"成熟一家、召开一家"的原则，当年A集团分别组织召开了23家二级单位（占比80%）全面预算管理现场会议，从整体上有效推动了全面预算管理工作的开展。[①]

开展多种形式的培训和交流。可以邀请外部优秀企业或者专家做经验交流和授课，也可以到专业培训机构参加全面预算专题培训或者购买课程组织线上学习，还可以在企业内部组织员工座谈，交流对全面预算的认识、感悟，或者请不同部门之间互相进行培训，增进业务交流，促进业业、业财融合等。只要能够促进全面预算管理理念推广，不需要拘泥于形式。需要注意的是，培训和交流的对象需要是企业全体领导和员工，要领导带头学，带头分享心得感悟，努力营造全员参与、全员学习的良好氛围。

---

① 2019年10月29日，2020年全面预算工作布置会报告《扎实开展全面预算管理　推动集团高质量发展》。

理念宣贯是务虚工作，是非常关键的环节，要有"磨刀不误砍柴工"的信念，全心全意搞好这项工作，把务虚的工作做实。全面预算是理念，需要灌输，灌要有压力，输要有渠道。A集团统一组织培训、交流，帮助各单位提升对全面预算的认知，全面推动二级单位迅速了解和掌握全面预算管理工作的方式、方法。A集团邀请胜利油田鲁明公司专家、专业教育机构教授讲解全面预算知识和做法，组织财务人员素质培训、经营人员财务知识培训以及科研经费管理培训等。A集团所属单位均采用不同方式开展了全面预算知识培训，切实提高了对全面预算管理的认识。[①]

2.2.2　内部企业调研

开展内部企业调研，一方面可以将集团推进全面预算工作的思路、要求更直接、更生动细致地传达给各单位，结合各企业特点更有针对性地做好理念宣贯，另一方面也可以通过现场调研，了解企业的真实现状、需求和想法，答疑解惑。通过调研，还可以了解各企业业务类型、盈利模式、经营模式以及企业管理水平、全面预算管理所处阶段，为下一步选择试点单位做好准备工作。

2.2.3　建专栏、发专刊

2019年，A集团在集团网站开辟全面预算管理专栏，组织编写印发专刊27期，举办"业财融合大讲堂"系列活动，营造了浓厚的对标学习氛围。[②]

专刊每期选取一家二级单位，整理刊登其领导亲自撰写的关于全面预算的体会和感悟、本企业全面预算工作的阶段性总结、各生产或业务实体全面预算

[①]　2019年10月29日，2020年全面预算工作布置会报告《扎实开展全面预算管理，推动集团高质量发展》。

[②]　2021年3月2日，集团公司安全生产暨全面预算工作会议上的工作报告《凝心聚力 以全面预算管理为抓手 持续推动集团高质量发展》。

工作总结等。在此基础上，还印发了一期特别合刊，将优秀的管理实践、动人事迹和感悟感言汇总刊发，供各单位参阅。专刊内容生动、案例翔实，给很多企业带来启发。本书的很多内容也摘自专刊。

2.3 试点推行

2.3.1 明确主题、选取试点

在推进一项比较复杂的新的系统性工作时，先选取试点进行示范，再以点带面进行推广，是比较科学和稳妥的方式。在全面预算推进过程中，可以多采用这种工作模式。如A集团在全面预算刚起步阶段、七项重点工作推进阶段、成本费用管理提升年专项活动，都是先试点推进，再分享优秀经验，进而全面推广，收效显著。

在选取试点时，工作主题要聚焦，要提出明确的试点工作内容，同时要统筹考虑各单位实际情况，从不同类型企业中分别选取，要选择有代表性、管理基础好、执行力强、配合度高、善于工作创新和总结的单位作为试点单位。下面以A集团为例，进行具体说明。

2019年"8+1"模式。确定A、B、C、D共4家二级单位为全面预算管理重点实施单位，按照"8+1"模式进行跟踪督导，A由资产财务部和投资管理部负责，B由经营管理部和安全监管部负责，C由科技发展部和集团办公室负责，D由生产技术部和改革发展部负责，同时各二级单位工资总额预算控制由人力资源部负责。4家单位的督导部门要结对赴二级企业学习交流，做好督导工作，并在下半年召开全面预算管理经验交流现场会议。

2020年选定16家单位作为19项工作试点。随着全面预算管理工作进入第二阶段，更深层次的管理问题和短板显现出来，因此，2020年，A集团印发了《关于深入推进全面预算管理的工作通知》，明确用两年时间，全面推进项目经理责任制、量本利速算法、定额管理、全面预算信息化等重点工作，并选定了16家单位作为19项工作的试点。通知下发后，各单位结合自身业务和生产经营实际，积极探索、主动创新。经过多次试点单位交流汇报，能够切实感受到各单位的进步，全面预算管理工作着实向前迈出了一大步，相关工作开展得比较顺利而且取得了不错的成果。[①]

2023年成本费用管理提升年专项活动选定6家试点。A集团选定3家全成本核算试点示范单位，统筹谋划、主动作为，在全成本管理方面取得了积极进展：A研究院增强定额成果应用，发挥造价在成本管控过程中的作用，对项目投标预算表、成本费用预算表进行细化，将全成本纳入预算编制范围，扎实开展预算控制价编审和外协项目竣工结算审核工作，发掘各环节可降成本项，全年审核招标控制价880余项，审减金额9000多万元，审减率4.67%；B设计院推广运用"量本利"速算法，构建了一套针对总包项目全过程管理的系统性方法，并对项目全生命周期进行全方位的成本核算，提升332项目预算精度，进一步实现精益化管理；C生产企业成立全成本核算工作组，研究形成实施方案，解决了实际成本核算过程中长期困扰公司的实际成本无法通过成本核算系统直接归集的问题。他们分别为研究院、设计院、生产型企业做了积极探索和带头示范，把全成本管理从想法变为办法。

同年A集团选定3家单位做利润率分析试点，要求对有代表性的工程总包项目和洗煤厂运营项目做全方位剖析，深入分析成本构成和利润分布，寻找提升营业利润率的方法。3家单位精选案例进行了深入解剖：D研究院以X选煤厂运营项目为例，通过对收入成本分析，从人工成本控制、材料构成及控制、材料成本定额管理、采购管理、库存管理5方面提炼出提升营业利润率的方法。E设计院以Y选煤厂总承包项目为例，通过落实项目经理负责制、合理编制项

[①] 2020年11月12日，2021年全面预算布置会暨试点单位汇报会报告《深入开展全面预算管理 加快推动集团高质量发展》。

目预算、每月对比项目预算和实际差异情况并进行原因剖析，进行监控纠偏，最终项目工程利润率为13.20%，较预算提高3.05个百分点。通过分析发现，土建工程议价能力有限，该部分未能创造利润，拉低了工程利润率。F设计院选取Z输煤系统工程EPC总承包项目作为试点项目，分析得出，系统设备是项目的利润主要来源，土建工程不产生利润，造成项目总体表现出收入高、利润低的情况。还提出在项目成本测算和预算的衔接环节需要改进的具体做法。[①]

2.3.2　指导监督、总结分享

试点单位在工作推进过程中，集团要及进行督导，确保工作进度正常。在试点单位遇到困难时，集团要及时给予指导帮助，积极联系优秀企业或者专家答疑解惑，建言献策，共同做好试点工作。

试点工作取得阶段性成果后，非常重要的一个环节是总结分享。要高度凝练试点工作成果，总结好的经验做法，及时分享，才能发挥模范带头作用。从实践效果来看，分享的形式最好采用现场交流会议的形式，先从不同层级进行经验分享，然后组织业务类型相近的单位分组进行充分交流。通过分板块现场交流，让各企业能够学习到适合自己企业的全面预算管理模式，少走弯路，紧追快赶，加速推进全面预算管理落地。[②]

此外，集团对试点单位也应该适当给予奖励，这样才能够鼓励更多单位争当试点。

为持续不断提高全面预算管理水平，深入推进业财融合、业业融合，A集团自2018年在全级次企业推广全面预算以来，共召开9场全面预算现场交流会，17家单位做了经验分享，目标是对标优秀，持续提升经营管理水平。[③]

---

① 2023年7月24日，全面预算之财务管理专题现场交流会（常州）总结报告。
② 2019年8月14日，全面预算现场交流会议（王坡）报告。
③ 2023年9月，《关于全面预算现场交流会开展情况的报告》。

A集团在组织召开重点实施单位现场会时，要求业务特点相近的其他二级单位参会学习，了解全面预算管理理念和具体做法。各单位通过学习先进单位宝贵经验，交流了思想，消除了疑虑，解决了困惑，知道了要做什么、怎么做，找到了方向和目标，找到了着力点。[①]

2.4　全面推进

2.4.1　以点带面、分步推进

试点工作取得成效并做分享交流后，要趁热打铁，以点带面，快速进入全面推进阶段。全面推进也要遵循客观规律，分步实施。

首先明确一下全面预算的进程和特点，全面预算的进程一般是由最初的业财分离状态、到业财初步融合，到业财深度融合、到经营管理"裂变"再到"聚变"的一个过程（就像水、面、油融合的一个过程，水、面、油分别代表业务甲、财务、业务乙，起始阶段为水、面、油的原始状态）。

第一阶段，业财、业业初步融合（水、面、油混合在一起了）。这个阶段需要梳理岗位、制度、流程，打通业务壁垒，实现基本业务的互联互通。

第二阶段，业业、业财深度融合（揉面，形成油水面）。这一阶段要把全面预算工作做实、做细，重点解决推进过程中存在的难点与痛点。一要抓项目经理人队伍建设，建立完善项目经理责任制度，推行项目量本利速算法；二要结合业务实际，制定工程定额、生产定额、费用定额、成本定额等；三要制定全面预算编制手册，建立预算信息化系统，提升工作效率与质量；四要加强预算闭环管理，监控预算执行，完善预算考核，强化预算刚性约束，促进预算目标

---

① 2019年10月29日，2020年全面预算工作布置会报告《扎实开展全面预算管理 推动集团高质量发展》。

和保障措施落地，重视预算成果的运用，让全面预算真正成为企业管理的有力抓手。

第三阶段，通过全面预算管理，站在企业外部的角度即客户的角度，引导企业推出适应市场需求的产品或技术（如生的馒头、生的面条、生的饼干，能够满足市场需求）。对内建立业财融合数据中心，各职能部门的功能出现"裂变"，生产劳动组织方式出现变化，监督、考核变得透明、简单、实时，生产动能大幅度增加，数据资产的雏形开始形成（对管理者而言，对部门的依赖感逐步降低）。

第四阶段，全面预算辅之以工具、手段，形成定制的、智能的产品，各单位开始出现引导、创造市场需求的意识、能力、队伍、体制、机制等（如加工油水面，形成基因变化的商品即熟食，这些熟食能够适应、引导、创造不同人群的不同口味，有不同卡路里含量，有不同造型等）。开始准备几年或几十年一以贯之地针对客户收集、检测、分析相关大数据，从而形成新的发展战略，在这期间会计准则、公司经营模式、经营理念都将会发生重大的变化，标志性的事件是数据中心的"聚变"功能显著增强，职能部门传统意义上的职责、功能、定位、工作方式等发生巨变，数据资产由投入期开始转向收获期，数据资产变现的苗头开始出现，生产经营管理流程犹如江河流淌，自然舒畅，数据获取方式如接受太阳普照，时间一致，口径相同，现在的逐级汇编、逐级报告、逐级等待的状况将成为历史，比如主要领导从信息系统中将会看到他所有想看的东西，不需要其他人予以编报。[①]

2.4.2 以重点工作为抓手

全面预算管理的推进是循序渐进、层层深入的过程，要有慎终如始、久久为功的心态，紧紧抓住全面预算这个工具，推动相关工作往实里做、往深里

---

① 2020年5月7日，2019年度经营工作会暨经济运行情况通报视频会《夯实基础 提质增效 促进集团公司高质量发展》。

走、往细处想，从而推动集团整体科研生产经营管理水平的提高。

在完成第一阶段工作任务，业财、业业实现初步融合后，全面预算管理工作进入第二阶段：业业、业财深度融合。这一阶段要把全面预算工作做实、做细，重点解决推进过程中存在的难点与痛点。

以A集团为例，第二阶段工作目标：一是抓项目经理人队伍建设，建立完善项目经理责任制；二是推行项目量本利速算法；三是加强定额管理；四是加强预算监控和考核，推进全面预算闭环管理；五是推进二级单位全面预算信息化；六是三级及以上单位制定全面预算编制手册。

A集团重点工作实施方案：

（1）抓项目经理人队伍建设，建立完善项目经理责任制度。在全面摸底调研和经营部门对业务全面梳理的基础上，分业务和项目选定1~2家作为试点单位，通过对各单位按业务分类进行指导和培训，建立完善项目经理责任制：2020年，加强指导培训，已建立相关制度的单位进一步优化，没有相关制度的单位要从无到有，建立相关制度或切实可行的工作实施方案。2021年，进一步细化提升，9月底全部单位建立较为完善的项目经理责任制度。

（2）推行项目量本利速算法。在全面摸底调研基础上，分业务和项目选定1~2家试点单位，对各单位按业务类型分类指导交流，加强培训，分两年完成量本利速算法的普及：2020年，普及量本利速算法的基本知识，各单位在培训交流基础上拟定量本利速算法推进的实施计划，2020年底，较为成熟的或模式化的业务项目中量本利速算法得到广泛应用，2021年9月底，相关制度或流程实现全覆盖，量本利速算法得到全面应用。

（3）加强定额管理。在全面摸底调研基础上，分业务和项目选定1~2家试点单位，通过指导交流，集团各单位分两年逐步实现定额管理体系建设：2020年，各单位开始做相关写实工作，试点单位2020年底能够建立费用定额、工程定额、生产定额、成本定额等较为全面的定额管理体系，其他单位应结合自身情况，2020年完成部分业务的定额管理，对未完成定额管理的业务，明确实施的具体措施和步骤，到2021年9月底实现全面定额管理。

（4）加强预算监控和考核，推进全面预算闭环管理。全面摸底调研基础上，分业务类型选定1~2家试点单位做经验交流，2020年7月底前各单位上报全面预算分解、监控和考核的实施方案。

（5）推进二级单位全面预算信息化。在全面摸底调研基础上，分业务类型选定1~2家试点单位做经验交流。含试点单位在内的50%的二级单位在编制2021年预算时使用信息化系统，其余的50%单位最晚在编制2022年预算时使用信息化系统。

（6）全面预算编制手册。2020年7月底，二级单位结合试点单位现场交流会学习交流情况，完善后形成初稿，9月底，二级单位结合实际工作推进情况，形成终稿，作为今后全面预算工作开展和预算编制的指南。三级单位2021年9月底前完成预算编制指南的编写。

（7）工作分工。2020年全面预算重点工作由集团全面预算管理工作小组具体负责，有关部门根据职能分工分别牵头负责相关工作落实，财务部门全程参与、配合并负责督导。各二级单位全面预算管理小组或类似职能机构，要根据集团安排，做好本单位全面预算工作。

2.4.3 评标达标

全面预算管理开始全面推进后，可以通过细化工作标准，开展定标评标达标活动，来促使各单位清楚工作"及格线"，尽快拉齐各单位全面预算水平。

一是定标。A集团将全面预算各项工作细化分解，从不同维度设置工作标准，对各单位逐条进行评标考核。如项目经理人队伍建设工作，要从制度体系是否健全、执行是否到位等维度进行标准设置；全面预算信息化工作，要从系统是否实现编制、报告、分析功能，与业务模块是否互联互通，是否将全面预算编制手册规定的预算流程嵌入系统中等方面设置标准；效益指标管理，要从台账是否完备、统计口径是否完整、是否明确相关职责等方面设置标准。

二是评标。各单位根据标准明确工作推进的基本要求，在此基础上再根据实际情况加码、提升。各单位先自行按标准开展自评。自评全部达标的单位再向集团公司申请评标。考核评标工作，原则上试点单位先行考核，其他早完成的优秀单位也可以争取优先考核。

三是达标。集团相关部门根据职能分工，对相关工作进行测评，考核未达标的工作，各单位要进行改进、完善，再考核，直到达标为止。最终各单位要全部达标。

需要注意的是，这个标准，相当于是工作的"及格线"，是每家单位必须达到的基本要求。各单位要以此为基础，努力争取达到更高的水平。[①]

2.4.4　优中选优、专题分享

随着全面预算工作深入开展，当企业流程优化完成、制度搭建完善、信息化系统运行起来，项目全生命周期管理、量本利分析、各类定额管理等工具运用越来越灵活、越来越成熟，全面预算管理逐渐进入产出阶段，每家企业根据自身特点，就会有各种节约成本、创造效益、增加收入、加快资金流转等管理提升成果出现。这时，集团需要从中选拔"优等生"，及时把优秀经验分享交流，其他单位对标优秀补短板，集团在打开工作思路的同时，也能够提升集团整体全面预算管理水平。

2023年5~6月，A集团组织总部财务部的同志围绕全面预算和会计核算体系、经营活动分析、制度和信息化建设，对18家单位开展实地调研学习，通过跑现场、进车间，实地了解产品应用场景、生产管理关键点、销售和采购等业务财务流程，触动思考，打开思路，学到了方法。通过调研发现，很多单位都有好的经验做法，值得学习和推广。

A企业积极探索财务管理和信息化融合，构建了销售、生产、物资、财务

---

① 2021年3月2日，集团公司安全生产暨全面预算工作会议上的工作报告《凝心聚力 以全面预算管理为抓手 持续推动集团高质量发展》。

的管控闭环，实现了产品和技术工程两个主营业务的业财一体管控雏形。B企业实现了工程项目全生命周期预算、核算管理，以生产经营单位为维度，每月出具三张财务报表，实现季结季清。C企业成本定额以及期间费用和目标利润的测算很好地指导了产品报价，真正实现了定额和造价联动。D企业对项目进行全成本核算，研究制定分摊规则将职能部门的期间费用分摊至各项目。E企业以ERP系统为平台实现了销售、采购、生产、会计核算业财数据的交互，为经营决策提供多维数据支持。F企业设计生产、四技、工程、科研以及其他业务的信息化报表体系，形成了项目—回款—支出一体化管控模式，有效提高了资金使用效率。G企业借助自身信息化技术优势，自主研发机器人"财务小智"，将项目、合同、会计核算、资金管理等信息深度融合，提升数字化水平。[1]

为全面总结分享全面预算管理优秀经验，结合全面预算七项重点工作，2023年下半年A集团分不同主题召开4场现场交流会，主题分别为：会计核算、预算、分析一体化，工程项目全周期及投资全过程管理，数据资源管理，成本管理。

会议组织A集团内部优秀单位以"全过程、全周期"的理念分享会计核算、全面预算、工程项目、投资管理、数据资源管理和成本管理经验，并邀请外部专家开展培训。会议所有交流内容要求说干货、讲办法、求真务实，交流材料全部提前经A集团总部审定。会上，组织优秀单位做了经验交流，某会计师事务所开展境内外投资并购全流程实务培训。会上A企业、B企业主要负责同志主动对工程项目管理进行经验分享，给与会同志很大的启发，比如A企业主要负责同志对工程项目做了10个方面的思考，B企业主要负责同志对项目经理人赋予的7方面权利进行了考量，为各单位强化工程项目管理提供了指导，也让各单位深刻感悟到了主要负责同志的实干精神，为各单位树立了良好的榜样力量。

---

① 2023年7月24日，全面预算之财务管理专题现场交流会（常州）总结报告。

各单位通过听取先进单位优秀经验分享，快速找到当前存在的同类问题的解决办法，比如借鉴C企业工程项目预算、核算、资金收支、考核一体化管理和核算模式。同时各单位从分享单位特色经验中寻找共性所在，举一反三，提高思维方式，开拓工作思路。每场交流会均安排了座谈交流环节，交流中各单位直指自身问题，正视不足，吸纳经验，明确指出自身存在的问题，比如全成本核算体系不成熟、精细化程度不足；信息化建设对全面预算的支撑不足；部分专业设计质量下滑，导致后期整改较多，项目成本增加；工程项目合同全过程管理意识不强，合同执行期间动态管控欠缺，合同风险增加；项目经理人队伍专业水平不高；投资管理人员配备不足，管理体系不健全；基建工程项目未应用"BIM系统"等信息工具管理，工作效率、效益有待提升；投资项目前期研究工作基础弱等。针对发现的问题，各单位根据自身特点制定对标提升实施方案，尽快补足短板、缩小差距。[①]

---

① 2023年9月，《关于全面预算现场交流会开展情况的报告》。

第3章 预算编制

3.1 零基础编制预算

3.1.1 全面预算主线

在零基础的情况下编制预算，先要搞清楚贯穿预算的主线是什么，然后顺着这条主线捋清全面预算的内在逻辑。相关内容本书第1章1.1小节"全面预算管理是什么"中有所提及。

全面预算管理的主线，说到底就是"业"和"财"，"业"对应业务预算，"财"对应资金预算，它的核心内容是业业、业财融合。融合的逻辑就是干什么事，用多少钱，这是正向逻辑，反向逻辑就是要挣多少钱，需要干什么事。

如某个公司做机关费用的年度全面预算，就是各部门首先要预测这个年度本部门有多少人，要做什么事，比如出差开会、请中介等要花多少钱，将"人+事"合起来就是业务预算。将花的钱按会计要求进行分类归并，并计算出额度就是资金预算。把业务预算、资金预算按一定的规则勾稽在一起就形成了全面预算。[①]

全面预算的源头是业务，从销售人员手中的订单、合同，到采购人员的采购清单、仓库管理员的出入库清单、车间班组的生产计划和材料领用清单，再到财务人员的发票、付款、账务，再到每个员工拿到手的工资，全面预算就是串起这些事项的主线。在这条线上，实物最终变为价值，这个价值于企业而言就是利润，于个人而言就是工资薪酬。通过全面预算这个工具，业务最终与财务融合、与薪酬融合。

业务与财务的关系，可以打一个比方，如果企业是一盆花，财务和业务就

---

① 2018年8月2日，集团经济运行工作会议报告《用通俗的会计语言解读企业的经济活动》。

像花草和土壤的关系。业务是土壤，离开业务，财务就是无土之木，成长壮大和开花结果都无从谈起；财务是花草，没有财务，就看不到辛勤耕耘的结果是什么样。企业的每个员工都是这盆花的一部分，或是运输水分、养料，或是松土施肥，或是作为枝叶进行光合作用，每个人都通过自己的工作努力，为这盆花贡献着力量，也收获着价值。[①]

3.1.2　零基础预算编制路径

上面提到全面预算主线的一正一反的逻辑（干什么事，用多少钱／要挣多少钱，需要干什么事），其实就是编制预算的路径。预算编制时可以沿着这条路径正着编，也可以倒着编。一般来说，对于零基础的情况，可以选择倒着编（要挣多少钱，需要干什么事），这个相对简单些。先算一算企业有多少人员，需要付多少工资，有多少房租水电折旧（成本费用），要覆盖这些成本费用需要多少合同、收入来支撑，需要做哪些工作、付出什么努力才能实现这些合同和收入，概括来说，就是从"财"（工资）到"业"（岗位工作）的主线。

对于规模较小和新设的企业，可以从内到外确定销售预测，首先要满足自身固定成本如人员工资、折旧摊销等，倒排收入预算、合同预算。[②]

3.1.3　工资从何而来

员工在单位工作，最直接、最直观的获得感就是工资报酬。他追求美好生活的重要物质基础就是企业给他支付的工资。我们要让员工明白工资是怎么来的。

---

① 2024年4月23日，集团公司习近平新时代中国特色社会主义思想干部研学班（第5期）上的演讲稿《中层管理者应具备的基本职业素质》。

② 2020年5月7日，2019年度经营工作会暨经济运行情况通报视频会《夯实基础 提质增效 促进集团公司高质量发展》。

（1）工资从股东、客户、赞助商中来。员工工资，特别是初设公司，来自股东的注册资本，或公积金。当公司有技术成果、产品或者服务业务可以变现销售时，员工工资主要来自于销售收入。员工工资也可能来源于社会捐赠。不同的来源渠道，其会计核算办法是不一样的。

（2）工资从利润和现金流中来。一家企业，只有在挣钱盈利且现金充足的情况下才有能力给员工发放工资。

近些年，国家对国有企业的工资总额管控一直坚持效益导向原则，要求职工工资总额的核定应当与利润总额紧密联系，切实实现职工工资能增能减，充分调动职工创效主动性和积极性，优化人工成本投入产出效率，持续增强企业活力。一句话概括就是：工资要有利润做支撑，要自己"挣"工资。

A集团执行"两低于"政策，即工资总额增长额低于利润总额增长额，工资总额增长率低于利润总额增长率。想挣更多的工资就需要提高企业的盈利能力。

但仅有账面利润，现金流吃紧，企业同样无法为员工发放工资。产品销售出去，销售收入有两种形式：现金和应收账款（含票据），收入抵减完各种期间费用、采购成本等后，剩下来的现金才能给员工发工资。一般来说，员工是不会接受票据或者债权作为工资形式的，必须是现金。也就是说，企业只有在现金流充足的情况下，才有能力为员工支出工资。所以给企业创造有现金流的利润，对于企业的生存和高质量发展、对员工的工资来说都至关重要。

另外补充一点，除了工资，企业的人工成本还包含企业承担的保险、公积金和企业年金等工资性支出、职工福利费、职工教育经费、工会经费等，它们在现金流量表中，都对应着"经营活动现金流量——支付给职工以及为职工支付的现金"科目。这就意味着，健康运行的企业一定要有足够的现金流来支撑人工成本支出。

（3）工资从科技成果中来。除去上面说的和效益挂钩的同口径工资总额，还有一部分工资总额，来源于单列工资。可以纳入单列工资范围的主要有以下情况：院士专家和团队、国家级创新平台、中长期激励或其他分红激励等。也就是说，通过提高企业的科研投入与成果转化能力，就可以以单列工资的形式给予科研人才更多的保障和激励。

（4）工资从工作绩效中来。前两部分讲的是影响集团整体工资总额的主要因素，这些因素决定了企业可以获得的工资总额大盘是多少。影响个人工资水平的因素除了和企业整体效益有关外，还和一个因素相关，就是企业内部分配。

国有企业内部薪酬分配，坚持按劳分配在收入分配中的主体地位，实行多劳多得。如何按劳分配，主要是通过薪酬分配与考核结果强挂钩。如何与业绩进行挂钩，主要是通过调节与个人业绩挂钩的绩效薪酬占比。一般情况下，员工个人的基本工资仅占比不到40%，剩余的都是绩效工资。甚至不同职级的基本工资差别也不会太大，只有个人的业绩贡献大，绩效薪酬才会相应增加，内部分配时才会向这部分团体和个人倾斜。

一定要记住，创造价值才能分享价值。只有通过提高个人绩效，才能提高组织的绩效，企业才能产生更多的利润，回馈到团体和个人。[①]

路径清晰后就可以展开进行预算编制，预算编制由很多环节组成，无论是正向编制还是反向编制，都需要逐个环节打开来做。下面按正向编制的顺序，将全面预算编制的主要环节逐项展开来说。

3.2　预算假设

3.2.1　预算假设的定义

预算假设是编制预算的预想前提，是在预算工作开展前，对企业各项经济业务相关事项作出的假定说明，以真实的业务背景为前提，同时对照会计准则

---

① 2024年4月23日，集团公司习近平新时代中国特色社会主义思想干部研学班（第5期）上的演讲稿《中层管理者应具备的基本职业素质》。

而提出。从宏观角度看，预算假设在一定程度上代表了企业内外部经济环境和政策条件；从微观角度看，预算假设反映了企业财务、业务处理的规则和标准。预算假设既要保证规范、合理，又要保持灵活、高效、与时俱进，兼具原则性和变通性。

3.2.2　预算假设的分类

预算假设囊括了市场经济条件、国家政策、行业规则以及企业内部的发展战略、管理制度等。这些因素的变化对企业的财务状况及经营情况都会产生影响，因此，在编制企业全面预算前，须事先设定足够多的假设因素。按照在预算体系构建环节和预算实际编制环节的不同，预算假设主要分为预算体系假设和预算编制假设。

（1）预算体系假设。预算体系假设主要为构建预算体系环节需要建立的假设，主要包括资产负债表假设、利润表假设和现金流量表假设三类。资产负债表假设主要包含资产假设及负债假设，如应收账款、存货、应付账款等假设，以此来计算资产负债率、应收账款周转率、存货周转率等；利润表假设主要包含收入、成本、利润、期间费用以及企业涉及的税收政策、政府补贴等事项的假设，以此计算企业各类经济效益指标比率，例如成本费用占营业收入比重、期间费用占营业收入比重、销售毛利率、营业利润率等；现金流量表假设主要包含现金流预算涉及的各项指标相关假设，如经营活动现金流量中的销售商品、提供劳务的收款假设，购买商品、接收劳务的支付假设等，筹资活动现金流量中的对外借款假设、偿还债务假设等，投资活动现金流量中的购建固定资产、无形资产和其他长期资产假设，以及股权投资假设等。

（2）预算编制假设。预算编制假设主要是在预算编制环节需要建立的假设，包括：定义不同业务的适用税率、汇率兑换、借款利率、费用定额、生产定额等，定义预算分解使用的组织权重、周期权重等。预算编制假设需要根据主体不同分别制定，由企业根据相关制度和实际情况统一制定。

3.2.3　设置预算假设需考虑的因素

（1）宏观环境、行业发展和市场竞争因素。深入分析宏观环境、行业发展和市场竞争等因素，提升对行业和市场的动态预测水平，作为预算假设定量和定性分析及有关指标的信息基础。宏观环境分析包括对政治法律环境、经济环境、社会文化和自然环境、科学技术环境等分析；行业和市场分析主要包括行业政策波动情况、行业竞争情况、行业稳定性程度、行业周期性变化、行业性质特点、市场结构详情等，同时需对企业自身以及上下游企业进行分析。在制定预算假设时，应详细研究历史同期相关数据与资料、同行业整体水平等有关信息，以提高预算假设的准确度。

（2）企业发展战略和目标规划因素。预算假设需紧密契合企业的发展战略和目标规划。全面了解企业的年度目标计划、中长期投资计划、中长期发展计划、战略目标等，为企业全面预算提供必要的支撑和指引。一是企业战略目标的制定应符合企业的外部发展环境，使其能经得起激烈的市场竞争考验；二是企业发展战略目标应符合内部的生产经营实际，和企业的员工素质、技术水平、生产能力相适应，过高或过低都不利于企业的长远发展。从全局角度来看，企业的预算目标应和整体的战略目标相协调，使企业各个生命周期的预算都能够顺利衔接；从近期发展来看，预算目标要形成体系，使各个分公司、子公司的发展目标彼此协调，形成有机整体，有利于预算的考核、监控与执行。

3.2.4　预算假设具体内容

（1）预算体系假设。对宏观环境、行业发展和市场竞争现状和变化的分析，预判相关因素对预算周期内生产经营产生的有利和不利影响。企业发展战略和目标规划的调整，包括绩效考核、产业布局、业务转型、重大组织机构调整和资产重组等，对预算周期内生产经营产生的影响。

（2）预算编制假设。依据的会计准则，以及会计准则、企业会计政策和会计估计变化对预算周期内报表的影响。营业收入、成本费用不含增值税，不同业务适用的不同增值税税率。预算周期内，营业收入、成本费用中，影响现金流的收现付现比例、赊销赊购比例及判断依据。预算周期内，收回以前期间确认的债权（包括应收账款、其他应收款等）、支付以前期间确认的债务（包括应付账款、其他应付款等）相关分析及判断依据。预算周期内，各个业务板块的预计产能和销售价格、预计采购量和采购价格及相关的判断依据，针对成本费用涉及的成本定额、费用定额、人工工时定额等有关事项的说明。预算周期内，基建项目、技改项目、固定资产、无形资产、信息化建设、金融资产、股权等投资计划和清理计划的合理性假设，以及不发生重大变化的假设。预算周期内，筹资及偿贷计划、利润分配计划的合理性假设，以及不发生重大变化的假设。预算周期内，适用的税收政策（包括享受的各项税收优惠、适用税率）是否存在重大变化的假设。

3.3 编制原则及方法

3.3.1 编制原则

坚持量入为出、统筹兼顾、把握重点、业务驱动、全员参与的原则。

（1）量入为出。强调以收定支，保证公司收入、利润指标的完成，坚持量力而行与尽力而为相结合的原则。

（2）统筹兼顾。综合平衡公司的各个方面，作出全面合理的安排，使科研、经营、基建等各板块协调发展。

（3）把握重点。从紧成本费用预算，关注重点项目，在资金有限的情况下保证重点项目的顺利进行。

（4）业务驱动。业务预算是财务预算的基础，既要坚持业务与财务的关系，又要考虑财务与考核的关系，围绕企业的战略目标有序开展业务计划。

（5）全员参与。全面预算工作要做到横向到边、纵向到底，组织有序，全员参与，全员控制，把经济活动预算分解到每个环节，做到层层落实。

3.3.2　编制方法

（1）定额预算：根据岗位、经营和管理的需要确定某项费用的定额或标准，并以此作为预算指标。如按岗位或职务级别确定基本工资；按职务结合业务需要确定通信费标准；根据工作需要确定差旅费标准；根据业务需要确定业务招待费标准等。

（2）零基预算："只考虑未来需求，不考虑历史惯性"，以零为起点对预算期内各项收支的可行性、必要性、合理性逐项审议予以确定收支水平的预算，一般适用于预算编制基础变化较大的预算项目。主要适用于以前年度未涉及的新的费用以及新的产品或科研、工程项目预算。

（3）增量预算：是在上期成本费用的基础上根据预计的业务情况，再结合管理需求，调整有关费用项目。某预算指标=基期指标 × （1+/−%）。

（4）弹性预算：在按照成本（费用）习性分类的基础上，根据量、本、利之间的依存关系编制的预算，一般适用于与业务量有关的成本（费用）、利润等预算项目。主要适用于各单位编制业务成熟的产品或项目的预算。

编制全面预算按照先业务预算、后财务预算的流程进行，如图3-1所示。

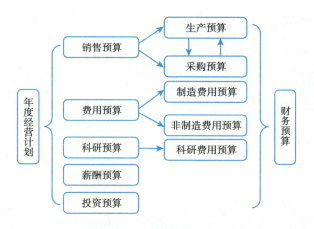

图 3-1　预算编制流程简例

各级全面预算管理单位应按照所承担经济业务的类型及其责任权限，编制不同形式的预算。不同预算主体的编制方法如表 3-1 所示。

表 3-1　　　　　　　　　　　　　　不同预算主体的编制方法

预算类别	编制方法
利润中心预算	增量预算法
成本中心预算	弹性预算法
费用中心预算	零基预算法、定额预算法

3.4　业务预算

3.4.1　业务预算的起点是合同

业务预算是反映预算期内可能形成资金收付的生产经营活动的预算，一般包括销售或营业预算、生产预算、制造费用预算、产品成本预算、营业成本预算、采购预算、期间费用预算等，预算编制单位可根据实际情况具体编制。

预算编制的源头是业务预算，业务预算的起点是合同。

企业要牢固树立一个经营理念：有合同就要有收入，有收入就要有利润，有利润就要有现金流，即"六有标准"。企业的主要业务都要以合同为载体进行体现。不管企业业务多复杂，都可以对每个合同所承载的业务按鱼骨图进行分析、列示，如图3-2所示。

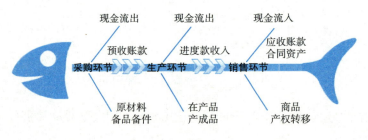

图3-2　业务鱼骨图

注：基于采购、生产、销售不同环节的业务内容、资金收支，要用不同的会计科目。

以合同所载业务为工作对象，结合业务特点，梳理该项业务从起点到验收、结算完毕的全流程及其主要阶段性节点，定期如每月统计形象进度，核算资金进度。如果该业务属于施工工程等客户投资的项目，则同时要与客户监控的形象进度与核算的资金进度进行相关信息交换，减少信息误差。如果有特殊原因，比如需要增加较大的工作量，或变更原设计等，则需要取得客户的书面认可，千万不可自作主张。执行合同初期要采购原材料，产生存货，要发生现金支出，或取得预收账款；在生产、建设、施工、研发阶段要发生成本费用，要产生存货，要发生现金支出，或取得进度款；在完工后，要发生销售行为，要转移所有权，要产生存货，要取得完全收入，或产生应收账款或合同资产等。这么梳理、分析下来，就会完全明白这个业务各阶段存货是怎么产生的，在哪里产生的；也会弄明白收入是怎么来的，在哪个阶段取得的；从而也会明白应收账款与合同资产是在哪个阶段产生的，金额是多少。反过来讲，企业如果要取得理想的现金收入，减少应收账款，控制存货，就必须在合同订立时想明白或模型化这个业务的全流程，控制好过程节点、形象进度、资金进度。[①]

3.4.2　销售预算

产品生产销售预算表类含有产品销售收入预算表、生产预算表、采购预算表等与产品生产和销售有关的预算。产品生产销售预算表类以销售为预算起点，根据销量确定生产产量和采购量的预算。

销售或营业预算是预算期内预算编制单位销售各种产品或者提供各种劳务可能实现的销售量或者业务量及其收入的预算，主要依据年度目标利润、预测的市场销量或劳务需求及提供的产品结构以及市场价格编制。

销售预算是全面预算编制的起点，也就是按照有多少米来准备多大做饭的锅，它是实现全面预算目标的关键，也是生产预算、采购预算编制的基础，是预算准不准、实不实的关键之所在。经营人员或者营销管理机构在编制销售预算时，可以区分三种情况，一是对于生产销售类企业，这类企业产品明确，市场比较清晰，可以根据市场需求由外到内确定销售预算，先根据市场需求预测合同数量，然后根据可执行合同确定全年销售收入，最后根据信用政策，确定销售现金流量。二是对于勘察设计工程类企业，这类企业历史数据不充分，对合同预算难以控制，但是服务地域比较稳定，可从此处着手做好销售预算，另外这类企业一定要重视客户培养，挖掘潜在客户，主动走出去，弄清楚目标在哪里，去哪里争取客户。三是对于规模较小和新设的企业，可以从内到外确定销售预测，首先要满足自身固定成本如人员工资、折旧摊销等，倒排收入预算、合同预算。[②]

---

① 2024年3月9日，集团公司2024年度财务工作会议报告《业财一体 数字赋能 以高质量财务管控助推集团公司高质量发展》。

② 2020年5月7日，2019年度经营工作会暨经济运行情况通报视频会《夯实基础 提质增效 促进集团公司高质量发展》。

3.4.3 生产预算

生产预算是预算编制单位在预算期内所要达到的生产规模及其产品结构的预算，主要是在销售预算的基础上，依据各种产品的生产能力、各项材料及人工的消耗定额及其物价水平和期末存货状况编制。为了实现有效管理，还应当进一步编制直接人工预算、直接材料预算和其他间接费用预算。

直接人工预算是预算编制单位在预算期内根据已知的标准工资率、标准单位直接人工工时、其他直接费用计提标准及生产预算等资料，对人工工时的消耗和人工成本所作的预算。

直接材料预算是预算编制单位根据生产预算、材料消耗定额和预计材料采购单价等信息，并考虑期初、期末材料存货水平而编制的预算，包括直接材料需用量、直接材料采购量和材料采购款的内容。

其他间接费用预算是预算编制单位在预算期内为完成生产预算所需要各种间接费用的预算，主要是在生产预算基础上，按照费用项目及其上年预算执行情况，根据预算期降低成本、费用的要求编制。

3.4.4 采购预算

采购预算是预算编制单位在预算期内为保证生产或者经营的需要而从外部购买各类商品、各项材料、低值易耗品等存货的预算，主要根据产品销售收入预算、生产预算、期初存货情况和期末存货经济存量编制。

采购预算分为外购产品采购预算与生产材料采购预算。外购产品采购预算根据销售发货明细和采购价格直接进行预算；生产材料采购预算根据生产预算，自制产品根据工艺BOM拆分，分解到最底层的物料标准用量，结合原材料库存、生产需求数量以及安全库存，计算出材料入库数量，然后根据与各供应商的协议价格，确定各项物料的采购单价，从而确定整体采购预算。

3.4.5　项目预算

3.4.5.1　工程/技术项目预算

工程/技术项目预算表是在预算期内预测承接的工程项目以及提供劳务的以前年度延续项目和本年新增项目的收入和成本。已签订合同的应根据本年度预计的工程量及完成进度做收入预算，按照工程项目或技术项目的预算的成本情况按照收入进度或毛利率情况做成本预算，成本支出明细参照项目整体预算。尚未签订合同的应根据在跟踪项目以及对市场趋势的近年的工程/技术项目平均毛利率编制成本预算。

一个项目是工程项目还是技术项目关系到收入的类别是否为科技收入，而科技收入的规模对一家科技企业来说又是重要的衡量指标。说到底这是技术合同和施工合同之间转换，科技乙方是一个有意义的实践探索。

可以充分发挥科学技术在工程施工项目上的优势，推动由"施工乙方"向"科技乙方"转变、"施工合同"向"科技合同"转变，提高工程施工项目的科技含量和价值含量。[①]

A集团所属二级单位Z公司基于矿山特殊施工高科技企业专业和核心技术优势，研究提出了"科技乙方"商业服务模式，通过提供科技含量更高的产品和服务，有效释放新质生产力的科技效能，该模式成功解决特殊凿井领域中大量"卡脖子"技术难题，并引领我国地下工程特殊施工技术的发展。"科技乙方"以技术力量实现价值创造，主要服务产品包括冻结技术、注浆技术、钻井技术及装备、智能化建井设计及建设、国家重大引调水技术服务。"科技乙方"是"技术+装备+工程"整体解决方案的提供商，在实施过程中对新出现

[①]　2024年3月9日，集团公司2024年度财务工作会议报告《业财一体　数字赋能　以高质量财务管控助推集团公司高质量发展》。

的技术难题即时研究解决能力更加突出，已经在山西省中部引黄工程地面定向钻孔预灌浆工程和涌水应急抢险堵水工程中得到了实践检验。"科技乙方"商业服务新模式凸显了项目建设管理体系"大变革"，探索了地下特殊工程管理新模式。区别于传统科研单位和施工乙方，"科技乙方"以独有或领先的技术力量实现价值创造，具有技术难度高、成果价值高的特点，避免了传统项目在价格、投入、资源上低水平竞争的局面，为项目提质赋能，开辟新的赛道，实现换道超车。"科技乙方"的项目类型以关键核心技术为抓手，立足解决客户"卡脖子"难题及痛点，提供新型技术开发及全过程咨询为特点的优质服务。[①]

3.4.5.2 科研项目预算

科研项目预算表是在预算期预测新申请项目的科研经费批复与支出的各明细项预算以及填报在研科研项目年度预算内容。其中需根据科研项目预算书年度预算金额填报科研各科目的详细预算。

科研项目涉及的直接经费可以按照设备费、材料费、测试化验加工费、燃料动力费、差旅费、会议费、国际合作与交流费、出版/文献/信息传播/知识产权事务费、劳务费、专家咨询费、其他支出等确定科研支出定额标准。

科研项目涉及的间接费用是指，在组织实施项目过程中发生的无法在直接费用中列支的相关费用。主要包括：承担单位为项目研究提供的房屋占用，日常水、电、气、暖消耗，有关管理费用的补助支出，以及激励科研人员的绩效支出等。

3.4.6 成本费用预算

产品成本预算是预算编制单位在预算期内生产产品所需求生产成本、单位

---

① 赵寿森，富强."科技乙方"商业服务模式创新及应用［J］.煤炭工程，2024，56（5）：1-7.

成本和销售成本的预算，主要依据生产预算、直接材料预算、直接人工预算、制造费用预算等汇总编制。

人工成本预算类表是在预算期内根据工资总额相关管理规定以及公司经营运行情况合理预测员工数量、工资总额、各项社会保险和劳务派遣情况等情况。

期间费用预算是预算期内预算编制单位组织经营活动必要的管理费用、财务费用、销售费用等预算，根据上年实际费用水平和预算期内的变化因素，结合费用开支标准和降低成本、费用的要求，按各预算单位进行编制。其中：业务招待费用、办公费、会议费以及劳务费等重要项目，应当重点列示。

营业成本预算是预算编制单位对预算期内为了实现营业预算而在人力、物力、财力方面必要的直接成本预算，主要依据本单位有关定额、费用标准、物价水平、上年实际执行情况等资料编制。

3.4.7 投资预算

投资预算是在预算期内进行投资活动的预算，主要包括固定资产投资预算、权益性资本投资预算。

（1）固定资产投资预算是在预算期内购建、改建、扩建、更新固定资产进行资本投资的预算，应当根据本单位有关投资决策资料和年度固定资产投资计划编制。处置固定资产所引起的现金流入，也应列入资本预算。如有国家基本建设投资、国家财政生产性拨款，应当根据国家有关部门批准的文件、产业结构调整政策、技术改造方案等资料单独编制预算。

（2）权益性资本投资预算是在预算期内为了获得其他单位的股权及收益分配权而进行资本投资的预算，应当根据有关投资决策资料和年度权益性资本投资计划编制。转让权益性资本投资或者收取被投资单位分配的利润（股利）所引起的现金流入，也应列入投资预算。

3.4.8　营业外收支预算

营业外收支预算是对离退休人员费用支出、解除劳动关系补偿支出、缴纳税金、政策性补贴、对外捐赠支出及其他营业外收支等，应当根据实际情况和国家有关政策规定，编制营业外收支等相关业务预算。

3.5　财务预算

财务预算主要以现金预算、资产负债预算和利润预算等形式反映。

3.5.1　现金预算

现金预算是按照现金流量表主要项目内容编制的反映预算单位预算期内一切现金收支及其结果的预算。它以业务预算、资本预算和筹资预算为基础，是其他预算有关现金收支的汇总，主要作为资金头寸调控管理的依据。

其中，筹资预算是在预算期内需要新借入的长短期借款以及对原有借款还本付息的预算，主要依据有关资金需求决策资料、期初借款余额及利率等编制。

3.5.2　资产负债预算

预算资产负债表是按照资产负债表的内容和格式编制的综合反映预算单位期末财务状况的预算报表。一般根据预算期初实际的资产负债表和销售或营业预算、生产预算、采购预算、资本预算、筹资预算等有关资料分析编制。

3.5.3　利润预算

预算利润表是按照利润表的内容和格式编制的反映预算单位在预算期内利润目标的预算报表。一般根据销售或营业预算、生产预算、产品成本预算或营业成本预算、期间费用预算、其他专项预算等有关资料分析编制。

3.6　平衡预算

3.6.1　平衡方法

全面预算必须围绕公司发展战略，以市场需求为导向，以公司健康发展为目标，做好各项预算指标的综合平衡。具体要做好市场需求与销售目标的平衡，销售目标与营业利润的平衡，营业利润与经营活动现金流量的平衡，经营性预算与资本性预算的平衡。

3.6.2　平衡步骤

（1）做好市场需求与销售目标的平衡。全面预算的编制基础以市场需求为导向，要充分了解下一年度的市场需求变化，竞争对手变化，充分分析各产品的市场占有率变化，确定切合实际的预算目标。结合战略目标，积极采取加大科研力量，对现有产品进行更新迭代、提高产品质量、增加产品产能、引进新技术、更新生产线等措施，保障销售目标的达成，并以此落实本年度的各项工作。

（2）做好销售目标与营业利润的平衡。增加销售的目的是增加产品市场占有率，获取更大的利润空间，不是单纯地为了增加销售业绩而降低营业利润率。要做有利润的业务。因此要确定各项产品的毛利率，要结合市场行情，了解产品在市场的供需关系，制定合理的销售价格，通过完善产品设计、优化产品工艺、节约生产成本、加强采购寻源与集采率等方式，进一步降低采购成本。做好定额管理，确保成本核算准确，提高产品的毛利率水平。在各产品毛利率数据确定后，根据产品市场占有率，制定合理的营销策略，让企业资源向毛利率高的产品倾斜。

（3）做好营业利润与经营活动现金流量的平衡。要做有现金流的业务。经营业务的现金流会转化为企业的应收账款与存货，不合理的资金占用会影响预算单位生产经营的正常运转，影响股东的利润分配，影响投资的进度。在营业利润与经营活动现金流量的平衡中，要使经营活动的现金流量基本等于营业利润加折旧减已交增值税预算数，因此要做好应收账款、存货及应付款项和合同负债、预付账款的预算，以保证资金流的正常运转。

（4）做好经营性预算与资本性预算的平衡。各预算单位在做全面预算的过程中会遇到投资的资本性预算与经营性预算的冲突。预算单位为完成生产任务，扩大产能，需要更新现有产线与企业经营发展相适应，投入太少会妨碍经营活动的发展，投入过多或投入项目存在失败可能会造成浪费。要围绕预算单位的战略目标，对大额的资本性预算的可行性进行分析，计算资本性预算的投资回收期，结合企业经营活动产生的资金流入情况，判断资本性预算的投入的可实施性，确定资本性预算的投资进度。

3.7 工程设计类企业预算编制案例

A集团所属二级企业W设计院拥有煤炭、建筑、市政、岩土、监理等近20

项甲级资质，业务范围涉及矿区、矿井、露天矿、选煤厂、煤化工配套工程、岩土工程、铁路、公路、市政道路及桥隧、长距离管道输煤、给水排水、污水处理、工业与民用建筑设计及规划、输变电及自动化工程、物料运输等领域，可提供工程设计、工程咨询、工程勘察、岩土工程施工、工程总承包、工程监理及生产运营等全方位优质服务。现以 W 设计院为例，对预算编制进行示范说明。

3.7.1　预算编制原则及要求

以"资源合理配置、集团战略管控"为核心，紧紧围绕风险及内控体系建设，以管理会计为指导，将业务、预算、资金、核算四维融合于一体，按"事前有计划，事中可控制，事后能分析、考评"的预算核算管理模式，真正实现"事前算赢、事中控赢、事后多赢"。通过建立以项目为基础数据库，以合同为起点，从预算到核算，再返回预算的闭环管理，并根据管理需要形成多级预算、核算管理体系。通过预算管理系统，完成预算编报、预算实施过程监控、数据沉淀形成有效数据资产。推进管理精细化，实现公司战略落地、资源配置合理、成本管控有效、风险有效防范等目标。

全面预算编制包括项目全周期预算编制、年度预算编制、预算调整、预算审批等。年度预算编制采用"二上二下"的预算编制模式，涵盖所有经济活动。全面预算编制采用的方法包括：固定预算、弹性预算、零基预算等。全面预算按会计年度（1月1日至12月31日）编制。每年10月启动编制下一年度预算。

年度预算编制流程遵循"二上二下"原则。

一上（摸底）：各责任中心（职能部门、二级单位）根据在实施项目、跟踪项目、战略项目、新兴项目编制业务预算；公司根据各二级单位一次编报的数据、以前年度历史数据，公司预期的主要经济指标、年度重要事项，公司战略落地，形成公司预算方案上报集团公司。

一下（年度目标分解）：全面预算工作领导小组根据集团公司批复公司的年度预算指标，在各二级单位之间进行平衡分解，并与各二级单位签订年度目标责任书。

二上（年度指标落地）：各二级单位根据各自签订的年度目标责任书在预算系统完成二次编报并提交。

二下（批复预算）：预算工作办公室在预算系统完成对各单位、部门提交的年度预算的初审，提交预算小组成员审批，组成审核后完成年度预算批复。

批复完成，所有流程单与年度预算数强关联，实现年度预算总量控制。

预算年度内新签项目需在项目签订一个月内在预算信息系统完成项目全周期预算，全周期预算批复后完成项目年度预算编报，经全面预算小组组长签批后执行。各项目在确保项目毛利率不变的情况下，年度内各成本明细可做调整，提交预算办公室审核完成。如毛利变化，调整流程同新签。项目预算批复完成，所有流程单与预算数强关联。

3.7.2 预算编制内容

年度预算编制包含业务预算、部门费用预算、归口管理费用预算、财务预算。其中：业务预算表（见图3-3）设三级，由末级开始编报，逐级汇总；部门费用预算表单（见图3-4）共设二级，由二级单位、职能部门编报，由末级开始，逐级汇总；归口管理费用类预算表（见图3-5）单设一级，通过公式从业务表单、部门费用表单中直接取数；财务类预算表单设一级：基本根据业务表单数据、通过设置公式计算取数。业务预算、部门费用预算、归口管理费用类预算表及财务类预算表单相互关联（见图3-6）。其中，归口管理费用类预算表单数据由业务表单、部门费用表单通过事先审定的取数公式从涉及的业务表单中自动取数汇总。归口费用根据费用性质和公司内部管理需求，预算编报、费用报销环节前置预算办公室、财务部审核。

图3-3　业务类预算编报

图3-4　部门费用类预算编报

图3-5　归口费用类预算编报

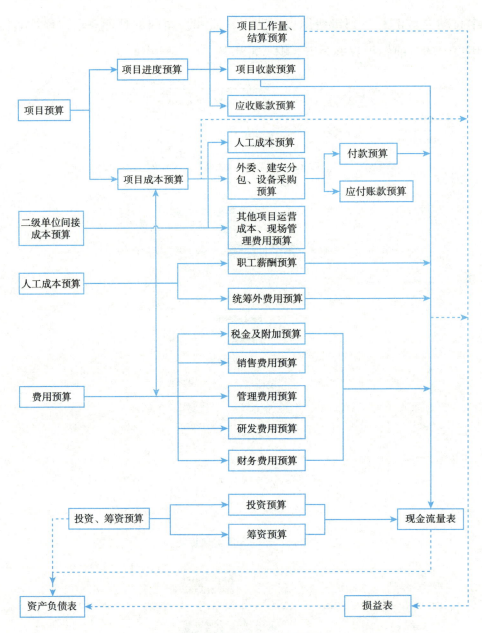

图3-6　年度预算编报

（1）业务预算表单编制内容。业务预算表单由二级单位编报填写，二级单位作为成本、利润中心，根据其年度目标责任书、在实施项目及跟踪合同情况编制业务预算表、部门费用表、固定资产购置等预算表单。

业务预算表单按照业务类别分为：勘察设计监理、工程业务、技术开发、运营项目、房租出租等业务（见图3-7）。根据《预算管理实施细则》要求，在与业主签订合同一个月内，项目实施单位需要在预算系统内完成项目全周期预算、年度预算编报；其中年度预算是全周期预算的分解，各成本明细项与全周期预算相关联。编制基础合同工期、关键节点、年度生产计划。预算明细科目与核算系统的末级科目一致。期间费用在全周期预算编报、年度预算编报中均要按细分业务对应的比例匹配，实现全成本预算、核算。

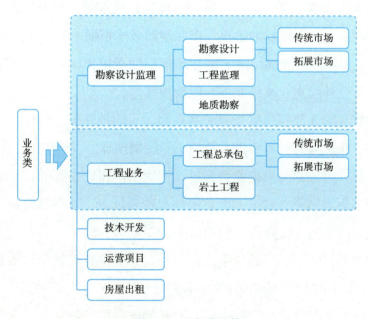

图3-7 业务类预算

业务预算表设三级，由末级开始编报，逐级汇总。一级：项目年度预计工作量结算、匹配的预计成本、收付款预算；二级：项目匹配的预计成本大类，包括分包工程进度成本、项目现场管理费用、项目直接零星支出、管理服务费预算，按具体分包合同的进度、出入库、付款预算，项目直接零星支出、项目现场管理费用大类下对应末级核算科目的费用明细预算；三级：二级明细费用下的细化。

编制的依据以年度目标责任书为目标，以合同为依据，为实现年度目标需完成的年度生产计划配置各项成本费用，确保年度各项指标落地。年度预计生产计划是各二级单位全面预算编制的起点，为完成年度生产计划合理配置外委、分包成本、人工差旅成本、出图成本、直接材料采购、折旧摊销等。按公司预算编报指南编报项目年度收入、毛利、收付款预算。

根据跟踪项目情况以及公司各业务指导毛利率编报预计新签项目年度营业收入、毛利、收付款预算。

（2）部门费用预算表单编制内容。二级单位部门费用预算主要内容包括部门管理人员人工成本、部门运营成本、市场跟踪成本等。其中：人工及运营成本按预算编制指南的费用标准编报；市场跟踪成本根据主要工作内容编报。

（3）财务预算。财务部门除了编制本部门的费用预算外，还需编制筹资预算、折旧、营业外收支、减值准备、税费预算等。

筹资预算：财务部门根据公司战略规划、采购预算等，综合考虑期初借款余额及利率、新借入的长短期借款及利率等编制预算。

税费预算：财务部门根据业务预算、固定资产投资预算等，平衡各季度的应交税费和实际缴纳税费情况，汇总编制税费预算表，并根据税费预算表中的数据乘以相应的比例，计算出"税费及附加"预算表。

业务预算编报完成后，通过事先设定的汇总表单自动汇总形成业务预算汇总（见表3-2），二级单位部门间接成本汇总（见表3-3）、职能部门预算汇总，最后形成总体预算汇总表（见表3-4），测算形成公司三张主表。

表3-2 ××年度业务预算汇总

预算项目大类	年初未结算结转合同额	预计新签合同额	预计年度工作量、项目进度	预计收入	预计成本	毛利及利润	收款预算	付款预算	现金净流量
在实施勘察设计监理项目预算									
在实施工程项目预算									
在实施技术开发项目预算									

续表

预算项目大类	年初未结算结转合同额	预计新签合同额	预计年度工作量、项目进度	预计收入	预计成本	毛利及利润	收款预算	付款预算	现金净流量
已完工（挂账）项目预算									
在实施项目小计									
预计新签勘察设计监理项目预算									
预计新签工程项目预算									
预计新签技术开发项目预算									
预计新签项目小计									
项目预算合计									
房屋出租等其他业务预算									
业务预算合计									

表3-3 ××年度二级单位部门成本汇总

费用类别		预计××年账面成本确认额（不含税）			预计××年经营活动现金流出		
		成本确认额合计	A分公司	B分公司	现金流出合计	A分公司	B分公司
人工成本	工资总额						
	附加人工成本						
	其他人工成本						
	劳务派遣费						
	劳务派遣服务费						
岗位劳务外包费用							
差旅费							
办公费（含文印、耗材、邮寄）							

续表

费用类别	预计××年账面成本确认额（不含税）			预计××年经营活动现金流出		
	成本确认额合计	A分公司	B分公司	现金流出合计	A分公司	B分公司
低值易耗品						
标书费						
资料费						
招标网站费						
出版费						
软件服务费						
办事处费用						
修理费						

表3-4 　　　　　　　　　××年度收入利润总体预算汇总

预算指标	预算申报金额	预算审定金额	职能部门1、2…		二级单位1、2…	
			申报金额	审定金额	申报金额	审定金额
一、预计新签合同						
二、收入						
勘察设计监理项目收入						
工程项目收入						
房屋出租等其他收入						
三、成本						
勘察设计监理项目成本						
工程项目成本						
房屋出租等其他成本						
二级单位部门成本						
四、税金及附加						
五、职能部门成本						

续表

预算指标	预算申报金额	预算审定金额	职能部门1、2…		二级单位1、2…	
			申报金额	审定金额	申报金额	审定金额
六、研发费用						
七、财务费用						
八、坏账减值						
九、营业外收支						
十、利润总额						

利润预算表：利润预算表反映公司经营成果。汇总后的税后净收益可以与目标利润相比较，如有差距，应进行单一项目或综合性调整，以争取达到或超过目标利润。预计损益表主要依据销售预算、生产成本预算、费用预算、投资预算等汇总编制。

资产负债预算表：资产负债预算表编制较为困难，对实际工作的指导意义不大，根据成本效益原则，财务部门可以简化资产负债预算表的编制，但涉及相关考核指标的项目必须体现。

现金流量预算表：现金流量预算是反映预算期内现金流转状况的预算，是反映全部经济活动有关现金收支方面的汇总反映。现金预算包括现金收入、现金支出、现金结余三项内容。

3.7.3 预算编制方法及编制时期

按照会计年度编制年度预算，执行过程中年度预算分解到月度预算，月度预算与年度预算强关联。

（1）以零基预算的编制方法编制业务预算。公司为非生产型企业，各项目为公司的产品，各项目年度工作计划、需配置的成本各不相同，而且编制年度预算时，有些项目仍在跟踪中，有太多不确定性。在编制预算时，分在实施项目和跟踪项目，在实施项目按合同节点要求、年度的生产计划编制年度预算，跟踪项目按历史的项目大类预估项目毛利率编制年度预算。实施过程中实行动态监控，对差异实施管理。

公司按业务和项目分类，对不同的业务和项目分别编制预算。新签项目落地后一个月内须先编制项目全周期预算后才可编制项目年度预算，项目全周期预算毛利率需不低于公司各业务板块指导毛利率，战略性项目毛利率低于指导毛利率实行一事一议。

工程类业务、技术开发工程业务（含岩土工程）：在实施项目，按合同节点要求、年度的生产计划编制年度预算、季度预算及对应的收付款预算，年度预算与项目全周期预算关联，各年度预计毛利率可以有一定幅度的波动。

跟踪项目签订后，按业务细分的指导毛利率编制项目全周期预算、编制年度及季度预算、收付款预算。

勘察、设计、咨询、监理业务：在实施项目，以年度生产计划编制年度预算及季度预算、收款预算。跟踪项目签订后，按业务细分的指导毛利率编制项目全周期预算、编制年度及季度预算、收付款预算。

运营项目：在项目合同执行期，以年度运营产量及单价编制年度预算及季度预算、收款预算。跟踪项目签订后，按以前年度完工的同类项目编制项目成本及预计项目毛利；编制年度及季度预算、收付款预算。

房屋出租业务：有合同的按合同条款预计出租收入，无合同的部分按可供出租面积及年度出租率及同地段写字楼租赁单价预计出租收入，编制年度房屋出租收入及收款预算。

（2）二级单位的部门成本、职能部门费用预算的编制。公司预算编制总体思路是以项目为产品，直接为项目产生的成本按项目归集，二级单位部门成本仅指部门发生的运营费用、市场跟踪费用、其他发生时不能直接确认项目的费用。预算的编制方法根据费用性质分别采用零基预算、弹性预算、固定预算编制方法编制。

职能部门（费用中心）可根据其岗位职责和具体任务，以作业分析为基础，可分别采用固定预算、零基预算的方法，确定本部门的预算支出。具体步骤如下：

各部门根据其岗位职责和年度工作计划，详细讨论在预算期内每位员工需要完成哪些工作、每项工作需要发生哪些费用；为每项工作编写一套费用开支方案，提出费用开支的目的，以及需要开支的数额；在对各个费用开支方案权衡轻重缓急的基础之上，将其分成若干层次，排出开支的先后顺序；最后按照所确定的费用开支层次和顺序，汇总得出本单位费用预算。

3.7.4　预算编制常见问题和对策

（1）"一上"时间一般在10月，距离年末有2个月的时间，造成结转至预算年度的在实施项目累计完成的进度、收入、成本、收款不准确，影响一次编报的准确性。

对策：在"一上"时对项目逐项统计分析，合理确定项目最后两个月执行情况，将"一上"编报时点项目累计执行与最后两月执行预计合计作为下一年度项目结转及预算基础。

（2）公司的项目都是非标准化项目，每个合同的实施周期、成本、毛利率都不相同，目前只能以同类型的业务板块历史平均毛利率去指导预算编报，造成部分项目的预算编报偏差率较大，在预算执行过程中调整频率较高。

对策：制定各专业人员工时标准，对设计项目根据预计的工时工作量能快速相对准确地测算项目成本，加强数据管理，做好数据收集，对工程项目逐步形成同类型单项工程的标准成本数据库。

（3）各二级单位预算编制质量良莠不齐，部分二级单位领导对于本单位的预算编制重要性认识不足，片面认为预算只是财务部门的事，关注的重点不是预算本身准确性的高低，而是怎样编制才能使本单位不受预算强关联的束缚，缺少对项目实施情况必要的统计梳理分析，往往少报收入、多报成本，造成预算编报和实际执行偏差较大。

对策：不断加大对二级单位预算编报培训指导，提高预算编报质量和预算执行偏差在绩效考核中的占比。

（4）年度新签项目预算编报：预算年度编报预计新签项目时，项目处于在跟踪、洽谈阶段，年度内是否落地存在极大的不确定性，落地的项目与预算编报的项目也存在偏差。因此企业前期对预计新签项目的成本没做总量控制，随着新签项目落地对于年度总额固定不变的人工成本、招待费、会议费、车辆费等费用超出年初虚拟的预计新签项目预算合计。

对策：对实际新签项目人工成本、招待费、会议费、车辆费等费用预算合计与年初的预计新签项目预算合计做总额控制。

第4章　预算批复下达及分解

全面预算编制流程分为提示目标、编制上报、审查平衡、审议批准、下达执行五个阶段，实际操作中，预算一般会有反反复复的沟通、平衡，A集团经过几年的实践和探索，在统筹考虑全面预算编制工作的时间节点、程序要求后，最终形成了"三上三下"的预算特色编制流程，既能够满足股东的管理要求，又能确保预算分解到位，为完成年度目标保驾护航。

4.1 一上一下

4.1.1 全面预算汇报会

A集团每年9月下发通知，启动全面预算编制工作。一般10月中下旬开始召开全面预算汇报会议，逐家单位听取本年度预算执行情况、下一年度预算情况，为岁末年初收好尾、开好头做准备。预算汇报会议参加人员为集团全面预算管理小组组长及成员，各二级单位主要领导、总会计师、相关业务分管领导或部门负责人。

会议召开前会提前发送汇报提纲供各单位参照，正式汇报前会提前审核并要求汇报单位对材料进行修改完善。预算汇报材料提纲如图4-1所示。

会上，各业务部门会对各自业务条线的预算执行、编制等情况进行问询，对不符合集团管理要求和预算要求的事项进行指正和建议。各单位回答相关问题并根据会议意见调整相关事项预算，并上报修改后的预算汇报材料。

以2024年度预算编制为例，2023年9月，A集团下发《关于启动2023年度全面预算编制工作的通知》，对2023年全面预算编报工作进行了全面部署，10月9日随即启动全面预算汇报会议，按每家单位半天统排时间表。党委常委、总会计师高度重视、全程参与，集团人力资源部、资产财务部、经营管理部、科技发展部、投资管理部、生产技术部、安全监管部、信息中心全面预算负责人参与，分别从生产经营、财务管控、人力资源管理、科技发展、投资、安全以及信息化等业务条线进行点评指导、答疑解惑，会议同时对全面预算重点工作成果、资产负债率压减、“两金”压降、综合治理专项和巡视审计问题整改等进行专项督导。

汇报提纲

一、企业基本面情况……2
二、2023年预算预计完成情况……2
（一）总体情况……2
（二） 生产经营完成情况……4
（三）财务指标及“一利五率”完成情况……9
（四）工资总额和劳务费预算完成情况……13
（五） 科技创新指标完成情况……15
（六）投资预算完成情况……17
（七）安全生产费用情况……19
（八）职工教育经费、党组织工作经费、工会经费、职工福利费计提及使用情况……20
（九）信息化支出情况……21
（十）对外捐赠情况（如有）……21
（十一）现金流量情况……21
（十二）关联交易情况……22
（十三）重点工作完成情况……22
三、2024年全面预算安排……23
（一） 总体情况……23
（二）生产经营指标预算……24
（三）财务指标预算……24
（四）工资总额和劳务费预算……24
（五）科技创新指标预算……24
（六）投资预算……24
（七）数据资产预算……24
（八）安全生产费用预算……25
（九）职工教育经费、党组织工作经费、工会经费、职工福利费计提及使用预算……25
（十）信息化预算……25
（十一）对外捐赠预算（如有）……28
（十二）现金流量预算……28
（十三）关联交易预算……28
（十四）年度重点工作预算……28
四、需要重点关注的问题……29

图4-1　全面预算汇报材料提纲

4.1.2　预算预报

在预算汇报会期间或者结束后，股东召开布置会议或者下发预算编制相关通知，A集团将结合股东要求，召开布置或培训会议，组织各单位完成预算预报表（包含利润表项目和"一利五率"指标的当年预计完成和下一年度预算情况）的报送。

4.1.3　形成预决算初步方案

A集团根据各单位"一上"的预算指标汇总情况，结合本年度预计完成情况以及官方或者国际经济组织对下一年度中国整体经济增速的预判，结合行业周期和市场趋势，初步拟定集团年度预决算方案。预决算方案主要内容为当年各主要指标预计完成情况、下一年度预算安排。预决算方案需要经集团决策后方能确定。

根据预决算初步方案，集团公司确定预报表报送股东，同时对各预算单位的主要预算指标拟定初步分解原则，进行向下分解，完成全面预算"一上一下"。

4.2　二上二下

4.2.1　报送全面预算套表

各单位根据A集团全面预算"一下"的各项指标，研判内外部形势，统筹资源配置，完成全面预算套表数据的填报。A集团全面预算套表包含股东要求的预算表18张、集团预算表59张，共77张，涵盖了集团科研、生产、经营方方面面的预算情况，实现了数据按板块、按业务类别多维度的统计和分析。

4.2.2 全面预算会审

A集团各业务部门负责审核各业务预算，对有问题单位反馈修改意见。在全面预算管理系统中，审批流已内嵌进去，业务预算审核不通过，预算流程不能进行下一步。各业务部门审核完成后，财务部负责审核、汇总、平衡预算。平衡预算时要以股东考核目标和预算要求为依据，结合预决算方案，充分考虑下一年度各项特殊事项和影响因素，科学编制预算。在平衡过程中，与相关单位及时沟通，对重点单位的重点指标要确保合理。

4.2.3 各单位报送正式预算报告

所有部门都审核通过后，各企业发起内部决策程序，报送集团公司正式预算报告，完成全面预算"二上"工作内容。预算报告包含全面预算套表、预算情况说明书、上年度经济运行分析报告。

4.2.4 集团会议决策

根据预算汇总平衡情况，财务部牵头起草集团全面预算报告，报告要详尽说明本年预计完成和下一年度预算安排，既要有业务支撑，也要有财务数据。预算报告目录如图4-2所示。

目　录

第一部分　2023年预算假设变动情况 15
　一、　T公司分拆上市影响 15
　二、　Y公司股权划转影响 15
第二部分　2023年主要指标完成情况 16
　一、国资委预算及考核指标完成情况 16
　二、主要业务预算执行情况 18
　三、经营效益预算执行情况 23
　四、主要财务状况指标预算执行情况 29
　五、专项业务预算执行情况 35
　六、重点工作任务完成情况 42
　七、全面预算工作执行与开展情况 48
　八、集团对内分解批复及完成情况 51
第三部分　2024年宏观形势预测及预算假设 51
　一、宏观形势预测 51
　二、预算假设 52
第四部分　2024年全面预算编制情况 57
　一、预算编制原则 57
　二、主要预算指标编制要求 60
第五部分　2024年主要指标安排 71
　一、合同预算 72
　二、销售预算 74
　三、生产预算 77
　四、经营效益指标预算 81
　五、财务状况主要指标预算 84
　六、专项业务预算 90
　七、重点工作安排 101
　八、集团对内分解批复原则 102
第六部分　完成全面预算工作目标的主要措施 105

图4-2　预算报告目录

4.2.5　集团报送正式预算报告

经A集团董事会审议通过后，集团根据股东要求报送正式预算报告，预算报告包含预算表、经济运行分析和预算说明书等。至此，“二上”环节完成。

4.2.6　预算分解

A集团根据报送股东预算情况，按优于报送股东预算的原则对各项预算指标进行分解。A集团目前全面预算批复指标共6大类56项指标，如表4-1所示。

表4-1　　　　　　　　　　年度全面预算批复指标分工

序号	维度	类别	指标	单位	责任部门
1	经营类	股东考核指标	利润总额	万元	资产财务部
2			净资产收益率	%	资产财务部
3			营业现金比率	%	经营管理部
4			资产负债率	%	资产财务部
5			研发经费投入强度	%	科技发展部
6			全员劳动生产率	万元/人	人力资源部
7			经济增加值（剔除研究开发费调整项）	万元	资产财务部
8			科技收入	万元	科技发展部
9		集团考核指标	战略性新兴产业营收占比	%	改革发展部
10			成本费用总额	万元	资产财务部
					经营管理部
11			期间费用（不含研发费用）占营业收入比重	%	资产财务部
					经营管理部
12			招待费占营业收入比重	%	经营管理部
13			差旅费	万元	集团办公室
14			会议费	万元	集团办公室
15			居间费	万元	经营管理部
16			营业利润率	%	经营管理部

续表

序号	维度	类别	指标	单位	责任部门
17	经营类	集团考核指标	净利润	万元	资产财务部
18			合同资产占营业收入比重	%	经营管理部
19			应收账款占营业收入比重	%	经营管理部
20			逾期应收账款占应收账款余额的比重	%	经营管理部
21			逾期三年以上应收账款占应收账款余额的比重	%	经营管理部
22			存货余额	万元	经营管理部
23			存货周转率	次	经营管理部
24			工资总额计提	万元	人力资源部
25			工资总额发放	万元	人力资源部
26		统计指标	新签销售合同额	万元	经营管理部
27			营业收入	万元	经营管理部
28	生产管理类		刮板运输机	台	生产技术部
29			转载机	台	生产技术部
30			破碎机	台	生产技术部
31			液压支架	架	生产技术部
32			采煤机	台	生产技术部
33			皮带运输机	台	生产技术部
34			掘进机	台	生产技术部
35			监测监控系统	套	生产技术部
36			钻机	台	生产技术部
37			新材料产品	吨	生产技术部
38			辅助运输车	台	生产技术部
39			运输支护产品	台	生产技术部
40			短壁连采设备	台	生产技术部
41			乳化液	吨	生产技术部

序号	维度	类别	指标	单位	责任部门
42	生产管理类		SAC电液控制系统	套	生产技术部
43			SAP智能集成供液系统	套	生产技术部
44			SAM自动化控制系统	套	生产技术部
45			制氮设备	台	生产技术部
46			装车站	套	生产技术部
47			选煤设备	台	生产技术部
48			煤矿产量	万吨	生产技术部
49			维简费	万元	生产技术部
50	投资管理类		投资额	万元	投资管理部
51	安全管理类		安全生产费提取额	万元	安全监管部
52			安全生产费使用额	万元	安全监管部
53	科技管理类		基础研究投入占比	%	科技发展部
54			自主发明专利授权数量	件	科技发展部
55			重大攻关任务完成情况	—	科技发展部
56	信息管理类		信息化支出	万元	信息中心

本次分解需要对全部预算批复指标逐项拟定分解原则，分解原则要做到科学、公正，既要考虑历史数据，也要考虑未来战略导向，需要反复测算和沟通，是具有挑战性的工作。下面列示二项比较有代表性的分解原则。

（1）净资产收益率指标分解原则：该指标为计算指标。计算公式：净资产收益率=净利润/全年平均所有者权益。①按照利润总额分解原则确定净利润批复数，然后用净利润批复数与净利润上报数的差额计算出期末所有者权益，最后计算得出净资产收益率批复数。②2024年净利润同比上年增长的单位，净资产收益率应同比提升0.1个百分点以上。③2024年净资产收益率高于25%的单位，按原则①批复，批复值不得低于25%。④预算上报值优于上述分解原则的，按上报值批复。

（2）营业现金比率分解原则：①除公益类企业外，2024年批复值不低于三年平均和上年同期孰低值，且营业现金比率不能为负。②预算上报值优于上述分解原则的，按上报值批复。[①]

各部门根据分工，分别负责本部门的指标分解。分解方案制定过程中，要充分与集团领导、各业务部门、各单位做好沟通，做好上传下达。

分解方案各部门基本敲定并征得主要领导同意后，发各单位征求意见，并做好政策解释，说明分解原则。该环节为"二下"。

4.3　三上三下

4.3.1　各单位反馈批复意见

各单位根据"二下"批复数据，结合本企业自身情况，充分挖潜，尽最大努力按照"二下"指标调整预算，如果存在特殊事项影响或者数据存在问题，可以向集团对口业务部门反馈意见。各部门根据各单位反馈情况，再次对相关指标进行统筹把握，可以根据实际情况对分解原则或者个别企业作为特殊情况进行调整，但调整的前提是必须保证集团整体能够完成股东预算目标，并且调整后的原则和特殊情况说明最终要向全集团公开，要有信服力。

各单位就全部指标与集团各部门沟通一致后，报送建议批复指标，完成"三上"。

---

① 集团公司2024年全面预算分解及重点工作落实方案。

4.3.2　分解方案提请集团会议审议

根据各单位、各部门反馈预算，调整分解方案，报请主要领导同意后，提请集团会议审议，根据会议意见修改完善形成分解方案定稿。

4.3.3　正式批复预算

根据分解方案，编写年度《全面预算指标分解和重点工作落实方案》，并行文正式批复各单位预算。

各单位收到集团预算批复后，编制本单位的预算分解方案，分解主要预算指标至生产单位及各分子公司，明确各指标责任部门与责任人，并将方案提请本单位预算工作委员会审议。通过审议后以红头文件形式下发生产单位及各分子公司。以该方案作为本年度工作指导方案，各责任部门负责归口管理指标的执行与监控，加强重点指标管理，做到实时关注，及时纠偏。至此，完成"三下"环节。

第 5 章 预算执行与调整

5.1 预算执行数据管理

5.1.1 数据来源

数据来源是数据从无到有的初始节点，后续通过计算规则产生的数据都属于过程数据，是数据的不同形态而已，比如数量乘以价格得到收入。报表的数据也属于过程数据或者结果数据，这是对于使用者而言的相对的概念，但数据源是绝对的，一定是最初始的节点。对预算执行来说，数据来源就是业务，具体来说，最初的源头就是合同。

5.1.2 数据管理

在预算执行数据的收集中，需要注意数据的准确性、完整性、真实性和可靠性。通过深入分析和利用这些数据，企业可以更好地了解预算执行情况，优化资源配置，提高运营效率，为企业的长期发展奠定基础。数据主要分为财务数据和业务数据，财务数据为依据准则确认的核算数据，业务数据为统计数据。

数据质量是预算执行分析的生命线，数据质量差，预算执行分析就无从谈起。通过信息化手段建立ERP系统，强化业务系统与数据系统的互联互通，保证"数据同源""数出一门"，是确保数据质量的有效方法。

财务数据方面，要严守会计信息质量关，"坚持准则、不做假账"，从领导到员工都绷紧这根弦，同时也要从操作层面做好规范和培训，最终形成"不敢造假、不能造假、不想造假"的思想自觉和行动自律。

会计信息真实可靠是企业诚信经营的重要体现，是企业科学决策的基础，也是企业健康发展的内在要求，更是我们财务工作者的底线。"不出假数是铁律""虚增收入，数字造假"是严重违纪行为。因此，要从更高的政治站位来看待会计信息质量问题，以高度的使命感和责任感，持之以恒抓实财务决算，确保财务数据、统计数据真实完整。[①]

法治是我们生产经营的底线思维。《会计法》是会计工作的根本大法，是所有会计人员必须遵循的法律规范，《总会计师条例》是规范总会计师履职的行政法规，《企业会计准则》《企业财务通则》是指导和约束会计行为的准绳。这一系列的政策法规已经为财务人员提供了强有力的法治保障环境，财务人员要继续合法合规地开展各项财务工作。要按照《会计法》《企业会计准则》《企业内部控制基本规范》有关工作要求，定期梳理财务制度，要建立制度定期更新机制，根据新业务、新变化、新问题，做好相关制度"废改立"工作。财会人员是制度边界的守护者，是流程精准的执行者，要建立健全以财务管理为核心的前、中、后全过程控制，尤其是报销岗位人员必须守好最后一道防线，要做到万无一失。所有财务人员要明责、尽责，必须在依法合规、公正廉洁的前提下做好财务管理工作，切实承担起相应的主管责任，否则将进行追责，追究有关人员的责任。[②]

2023年财政部印发了《会计人员职业道德规范》，对新时代会计人员职业道德提出了三条要求"坚持自律，守法奉公；坚持准则，守信敬业；坚持学习，守正创新"，强调了会计人员"坚"和"守"的职业特性和价值追求。财务人员要以会计准则为标准如实反映业务活动，各单位主要负责人要切实履行责任，作为本单位财会监督工作第一责任人，对本单位财会工作和财会资料的真实性、完整性负责，持续促进会计信息质量水平提升。

为提升会计核算质量，A集团修订印发《统一会计核算手册》，动态完善

---

① 2019年11月29日，集团公司2019年度财务决算视频会议报告《夯实会计基础 落实问题整改 稳步提升集团公司财务决算管理水平》。

② 2021年10月19日，集团公司2021年度财务工作会议《集团公司2021年度财务工作报告》。

财务管理制度200多项，制定决算审核手册，建立统一的会计核算"度量衡"、决算质量"标准库"。手册主要内容包括总则、会计政策、会计科目设置与使用、主要业务核算规范等，为产品生产与销售、勘察设计、工程监理、岩土工程设计、工程总承包、煤炭开采等集团公司主要业务的会计核算提供了操作指引。A集团以"一本账"为依托制定《财务管理信息系统实施办法》，建立了统一的会计标准化流程体系和底层架构。

5.2　预算执行分析

5.2.1　价值管理体系

在价值管理中，业财融合是基础，会计核算和财务管理是实现价值管理的前提，价值管理是做好资产高质量运行的基础，要把三者的关系处理好。

树立价值管理的理念，观念要实现从规模效益到效益质量转变。若以规模为导向，一味追求销售额的增长，在产品价格高的时候这种增长方式可以理解，那时只要抢到合同，肯定就能盈利。但是在当下，已经不再是卖得越多越好，而是要提高经营效率及项目管理能力。价值管理是对公司价值关键驱动因素的管理，而关键驱动因素涵盖资本、资金、资产的管理，包含在公司从最高层的战略决策到前端的业务经营，再到中后端的职能管理等各方面日常性经营管理活动过程中。

借助数字化的手段支撑价值管理精准、精细、精确实施。价值管理能够校准战略的实施，是因为价值管理大部分是基于对客观数据相对科学的分析，而非依据较为模糊的主观臆断。因此，数据收集、加工、分析以及相关信息流转的及时性和准确性十分重要。要运用大数据和人工智能等技术，对财务数据与业务数据、内部数据与外部数据、微观数据与宏观数据等进行深入挖掘分析，依据算法、模型、系统，提供更高"含金量"的信息，实现经营管理精准投入、精细作业、精确评价，推动经营决策由经验主导向数据和模型驱动转变。

要应用价值管理解决资产运行质量的问题。业绩增长的背后可能存在不可持续发展的问题，如有营业额的增长但没有利润的增长、有利润的增长但没有现金流的增长、有现金流但是不能支持资产规模持续地增长，因此需要将收入、利润、现金流、资本结构四个要素相结合才能完整呈现公司可持续性的价值创造能力。在价值管理过程中，一定要弄清楚本公司的产品情况，每种产品对公司的利润贡献度是多少，对公司折旧的摊销拉动是多少，要洞察经营活动中无价值、不增值或低价值的行为。通过分析，砍掉拉动折旧摊销低的产品，砍掉利润贡献度少的产品，支持有市场前景的产品，支持造血功能强的产品，支持对公司生存发展贡献大的产品。各单位要深入推进业财融合，短期目标是实现每个项目、每条产品线，都有正的现金流、正的利润。长期目标是根据每个项目、每个产品线的边际贡献，逐步淘汰边际贡献为负、边际贡献低的，加快推动产业向高附加值攀升、公司向高质量发展。[①]

以 A 集团为例，A 集团以股东考核指标体系为核心，不断完善自身指标体系，尤其是高度重视经营现金流，逐渐构建了以经营活动现金流为核心的分析体系。在 2019 年集团公司企业负责人会议上，首次对比经营活动现金流净额与利润总额，用以反映利润总额的质量，2021 年进一步进行优化，将经营活动现金流净额与净利润对比，2022 年初正式提出价值管理理念，要求"不要没有收入的合同，不要没有利润的收入，不要没有现金流的利润"，并且建立了"三项经营流程、四种绩效能力"的价值分析模式，从新签销售合同额、营业收入、净利润、经营活动现金流净额四个规模指标开展经济运行基础、经济运行过程、经济运行结果三种经营业务活动流程分析，从总资产周转率、净资产收

---

① 2022 年 4 月 11 日，集团一季度安委会（扩大）会议及经营工作会议报告《关于集团公司 2022 年一季度经济运行情况的通报》。

益率、人工成本利润率、净现比四个效率指标开展经营能力、盈利能力、创造能力、发展能力四种能力分析。每个季度经营活动分析会上，通过财务数据分析，对报表项目预付账款、存货、预收账款、应收账款及合同资产管理的关键点和薄弱环节进行提示，降低业务端风险。挖掘数据价值，以《经济运行过程预警管理办法》为基础，及时开展经营风险预警，有效保障全年目标实现。[①]

价值管理分析举例：

从价值管理看应收账款及合同资产情况。应收账款与合同资产都属于企业日常经营活动产生的收款权力，应收账款是无条件的收款权，合同资产是有条件的收款权，通常将应收账款分为逾期应收账款和未逾期应收账款，合同资产又分为已完工未结算、未到期质保金、其他有条件的收款权。从资金占用的角度来看，存货属于集团公司内部资金占用，而应收账款与合同资产属于外部资金占用。根据合同签订、生产运营、销售回款环节，应收账款与合同资产可以对应分类，未逾期应收账款、未到期质保金属于合同签订环节的收款权；已完工未结算、其他有条件的收款权属于生产运营环节的收款权；逾期应收账款属于销售回款环节的收款权。从三个环节收款权的构成来看，正常合理模式是生产运营与销售回款环节的收款权处于较低水平，合同签订环节的收款权处于较高水平，表明企业在日常经营活动中存在的资金占用属于正常的、有合同支撑的、受法律保护的。如果生产运营或销售回款环节的收款权长期处于较高水平，一方面企业可能是内部出了问题，生产经营的水平不高，导致对方迟迟不予结算；另一方面可能是外部出了问题，对客户的信誉或偿债能力存疑。[②]

5.2.2 分析内容

企业集团围绕价值管理体系，可以从新签销售合同额、营业收入、净利

---

① 2023年3月1日，集团公司2023年度财务工作会议财务工作报告。

② 2023年4月13日，集团公司2023年度营销工作会议、一季度经营分析会议报告《2023年一季度经济运行情况的通报》。

润、经营活动现金流净额四个规模指标开展经济运行基础、经济运行过程、经济运行结果三种经营业务活动流程分析，从总资产周转率、净资产收益率、人工成本利润率、净现比四个效率指标开展经营能力、盈利能力、创造能力、发展能力四种能力分析。实体企业可以根据实际工作需要和市场环境变化，不断丰富和改进经济运行报告。

下面分享A集团所属二级单位S设计院经济运行报告框架。

（1）行业情况。对外部市场的判断是制定和调整预算目标的基础，行业情况包括煤炭价格、市场部对行业形势的判断、客户信用分析等。

（2）总体情况。全面预算管理办公室按月度汇总重点指标的预算执行情况的汇总和监督，进行差异分析，对完成情况较差的预算项目对归口责任部门执行监督预警。表样如表5-1所示。

表5-1　　　　　　　　　　　　　　预算执行情况分析

分类	指标名称	单位	集团预算批复值	本年完成	预算执行率	上年同期	同比增幅
集团考核KPI指标——质量效益	经济增加值（剔除研发费用）						
	全员劳动生产率（年化）						
集团考核KPI指标——科技创新	科技收入						
	研发投入强度						
	重大科研任务与关键核心技术攻关任务完成率（%）						
集团考核KPI指标——结构优化	战略性新兴产业营收占比（%）						

续表

分类	指标名称	单位	集团预算批复值	本年完成	预算执行率	上年同期	同比增幅
集团考核KPI指标——风险管控	营业现金比率						
	应收账款占营业收入比重						
	存货余额						
其他指标	××						
	××						

（3）营销分析。营销方面主要包括新签销售合同的分析，包括按产业统计新签销售合同金额和数量、战略性新兴产业营收占比，及时反映公司未来的存量合同、转型和升级发展情况；潜在合同及意向合同统计；投标情况的分析，如表5-2所示。

表5-2　　　　　　　　　　　投标情况分析

项目	时间
投标次数	××
中标次数	××
中标率（按次数）	××
投标金额（万元）	××
中标金额（万元）	××
中标率（按金额）	××
中标金额/中标次数（万元/次）	××
已中标但未签合同金额	××

（4）生产运营方面。生产运营方面包括工期计划和项目成本偏差分析。

①生产运营方面包括根据各部门新签订合同条款约定的工期和时间节点，绘制各部门当年新签订合同的生产持续情况图，便于分析公司业务的持续性和

合同的当年贡献情况等信息。

②项目成本偏差分析通过三个基本参数：已完工实际成本（ACWP）、已完工预算成本（BCWP）、计划预算成本（BCWS）；四个评价指标：成本偏差（CV）、进度偏差（SV）、成本绩效指数（CPI）、进度绩效指数（SPI），对项目成本及工程进度进行测算分析，形成重点工程项目月度预算执行报告。

③生产经营部门预算执行情况包括根据KPI预算指标执行情况和各部门的预算指标执行情况进行部门总体排名。部分表样如表5-3所示。

表5-3　　　　　　　　　　　××年××月预算执行情况排名

序号	部门名称	收入	毛利	应收	合同资产	存货	资金
1	××部门	差	好	好	可接受	可接受	好
2	××部门	好	好	差	差	可接受	差
3	……	差	差	好	好	差	好
标准	根据序时预算执行率的完成情况分成好、可接受、差						

（5）科研部分。根据内部科研计划及上级要求，制定《科技业绩考核管理办法》，每月科技部门反馈各部门的完成情况，督促生产经营部门科技业绩考核指标的执行，加强科技研发项目管理。

（6）资金分析。资金预算是全面预算管理工作中的重要一环，S设计院加大力度进行司库体系管理，结合资金预算管控，提高资金运营效率；设置年度目标，制定生产经营部门资金净流KPI指标，加强资金净流计划管控，加强现金流指标监测，保障现金流安全；加强月度资金计划闭环管理，财务部与企业运营部联动，每月通过对资金、票据、营现比及部门资金结余的深入分析，总结S设计院及各生产经营部门的资金情况，从公司层面、部门层面、项目层面对付款计划实施分层分级管控，降低资金计划偏差率。同时加强票据管理、强化现金流管控、健全资金分析以及资金应急预警管控手段，及时识别、防范资金风险；同时，做好资金集中管理，强化资金归集，实现除受限资金外"应归尽归"。

　　资金预算分析中将年度营现比预算批复指标分解到部门，作为全面预算考核指标，按月度跟踪。同时创新资金余额管控机制，强化资金月度计划管控，保持公司资金存量水平，保障资金运营安全。

　　资金分析大多以图表列示，便于更直观地反映问题。部分表样如表5–4、表5–5所示。

表5–4　　　　　　　　　　　　　　　　货币资金构成

单位	期末	其中			年初	其中			资金变动	其中
		活期	定期	受限		活期	定期	受限		活期变动
××	××	××	××	××	××	××	××	××	××	××

表5–5　　　　　　　　　　　　　　　　工程项目资金计划统计

部门	项目简称	当前项目总体资金结余	××月资金计划（银行+承兑）			××月末项目总体资金结余
			收款	付款	当月盈亏	
××部门	××	××	××	××	××	××

　　（7）费用情况。每月通过对期间费用的分析，找出公司费用压降的薄弱点，汇总编制职能管理部门的费用，对超出预算序时进度的部门进行预警，加大费用压降力度。

　　同时，对招待费、会议费等重点费用完全刚性控制；对部门费用、公共费用进行严格预算管控，规范预算调整审批程序；以经济运行会为抓手，认真分析预算差异成因，制定管理改进措施，并高效纠偏。

　　（8）上月经济运行分析会发布的任务完成情况。在经济运行报告中，保持对以前经济运行报告中反映的问题的持续关注，监督通报上月任务完成情况，坚决落实重点工作，密切关注工作进展及工作举措，防止各部门应付了事，优化管理流程，做好OODA循环管理。

5.2.3 分析方法

每月通过编制经济运行动态，可以对各项指标进行分析对比。通常采用以下方法。

（1）差异分析法：将当前的预算执行情况与各预算责任部门拆解的月度、季度预算目标进行对比分析，及时发现和解决预算执行过程中出现的经营问题，有效控制经营活动按照预期的计划顺利进行。

（2）比较分析法：将性质相同的指标进行对比分析，揭示差异，例如销售费用及管理费用指标，通过比较分析，反映项目的变动情况，找出产生差距的原因。

（3）对标分析法：选取行业内标杆企业作为基准，通过对标分析，了解企业自身在行业竞争中的地位、找出差距，并进一步提出改进措施，该项分析法由于信息获取有一定难度，通常以季度为周期进行。

（4）趋势分析法：将当前的预算执行情况与上年同期执行情况进行对比分析。

（5）结构分析法：拆解预算指标，并对各细分指标的执行数和预算数、细分指标占原预算指标权重的执行数和预算数进行比较，分析各组成结构数据的差异及结构的变化对预算指标完成情况的影响，例如收入为预算指标，各项产品的收入为拆解后的预算指标，通过分析各项产品收入的执行情况，及各项产品占总收入的比重研究各业务链条运行情况。

（6）因素分析法：将预算指标根据实际情况分解为多项因素，并对各因素进行逐一替换分析。例如销售收入，需要分别对销量、售价等因素进行分析。

（7）排名分析法：对企业内部职责相近的责任中心进行分类，选择能反映其经营管理能力的预算指标，就其执行情况进行排名并分析差异原因，对非系统因素持续督导改善。例如职能部门的费用支出情况，销售部门的新签合同额情况，生产部门的产量、产值情况。

（8）投入产出对比分析法：对企业投入资源和产出效益进行比较分析，如投入销售费用和带来的销售收入增长之间的比较分析、科研投入与生产成本降低之间的比较分析、培训费用的投入与人员工作效率提升之间的比较分析等。

5.2.4 分析会议

为了确保预算执行分析的及时性和有效性，应定期召开预算执行分析会议，以便对预算执行情况进行全面回顾和总结、对未来工作进行部署安排。

参会人员应包括公司管理层、科研生产经营责任部门、归口职能管理部门负责人。各负责人可以针对自身职责范围内的预算执行情况进行汇报和分析，提出问题和建议。

会议内容主要包括以下几个方面：首先，各负责人汇报预算执行情况，包括预算与实际对比、资金使用效率、成本控制、项目进展以及收入实现情况等；其次，针对预算执行中的问题和原因进行深入分析，找出问题的根源；最后，制订纠偏措施和下一步工作计划，明确责任人和完成时限。

会议结束后，应形成会议纪要，明确各项任务的责任人和完成时限，并跟踪落实情况。

5.3 预算执行控制

预算执行控制是确保企业在财务资源分配和使用过程中能够严格遵循预算计划的关键环节。通过有效的预算执行控制，可以确保资源的合理分配、避免超支和浪费，从而保障企业战略目标的顺利实现。

5.3.1 控制方法

（1）预算审批。预算审批是预算执行控制的首要环节。在这一环节中，需要建立严格的预算审批程序，确保所有预算支出都经过充分论证和审批。未经批准的预算支出，应予以严格限制，避免随意增加支出。同时，审批程序应透明化、规范化，确保各相关部门和人员了解并遵循审批流程。

（2）预算调整。在预算执行过程中，由于市场变化、政策调整等不可预见因素的出现，可能需要对预算进行调整。预算调整应根据实际情况进行，确保预算的合理性和可执行性，并经过相关部门的审批和确认。

（3）预算监控。实时监控预算执行情况是预算执行控制的重要手段，一旦发现预算执行情况出现异常，应及时预警和处理，避免问题的扩大化。

（4）绩效考核。将预算执行情况纳入绩效考核体系，可以激励各部门更加重视预算管理，保证预算执行控制。

5.3.2 实现途径

（1）信息化手段。利用预算管理系统等信息化手段，可以实现预算执行的实时监控和分析。通过系统平台，可以实时收集、整理和分析预算数据，为预算决策提供支持。

（2）内控机制。建立健全内控体系是保障预算执行合规性和有效性的重要举措。通过制定完善的内控制度、明确各部门职责和权限、建立审批和审计制度等，可以确保预算执行的规范化和标准化。

（3）预算预警控制。预算管理过程中，通过设置一系列预警指标和阈值，设定合适的预警指标和阈值。这些指标可以包括收入、成本、利润等关键财务指标，通过设定合理的预警阈值，及时发现异常情况。对预算执行情况进行实时监控和评估。一旦预算执行情况触及预警线，要求采取相应的措施进行管控或调整。并使用资金管理系统、报销系统、全面预算系统，对支出事项进行事前、事中和事后管理分析。

5.4　预算执行纠偏

集团层面：每月通过经济运行动态，每季度通过召开季度经营分析会，对异常单位、异常指标进行通报，并提出对应的解决措施。可以制定《经济运行过程预警管理办法》，分别对连续3个月、6个月完成指标较差的单位下发预警提示函、限期整改令，在提出对应解决措施的同时，要求有关单位进行限期整改。

二级单位层面：

（1）按月度实行价值导向的分析与纠偏。由财务部门从业财融合的角度出发，对各预算执行单元的生产经营质量、财务效益情况等进行全面分析，梳理各部门科研生产经营行为对预算执行情况的影响，实现预算执行过程的价值管控，如发现执行不力造成的预算目标偏差，提供针对性督导，协助相关预算责任部门改善、优化或调整生产经营行为，以实现预算纠偏。

（2）按季度实施双维度的期中调整纠偏。在月度分析和纠偏科研生产经营行为的基础上，设计实施检查评估工作环节，构建综合价值评价体系，进行预算执行情况、月度改善情况两个维度评价，引导各预算执行单元持续改善经营效益，并根据季度评价结果，加强过程纠偏，对偏差较大的指标和单位启动预警及校正机制。

（3）预警管理办法。预算监督预警是财务部门对各专项预算归口责任部门月度完成情况进行管控的手段，针对未完成预算序时进度的责任部门进行警示提醒，以加强对各项预算指标执行进度的控制。

集团下达的预算目标是公司预算监督预警的基础，公司分解、下达的预算目标是各预算责任部门预算监督预警的基础。

预算预警的触发条件为预算指标未满足月度序时进度要求或劣于设定的月度指标，二者满足其一即可触发。

财务部门于预算执行次月，组织各预算归口责任部门编制《全面预算月度执行情况表》，监督各预算指标完成情况，对各项预算执行过程中发生的新情况、新问题进行动态跟踪，并及时对相关责任部门进行预警，发送《关于××××指标预警告知函》。

各预算归口责任部门根据财务部门预警，剖析未达标原因，采取必要的纠偏措施，对于偏差较大的指标应提交预算预警分析与整改报告，确保预算目标的全面实现。

5.5　预算调整

5.5.1　调整原则

为了保证全面预算的严肃性，预算单位不得对已经批复的全面预算随意调整。确因市场环境、经营条件、政策法规等外界环境发生变化，致使全面预算的编制基础不成立，或者将导致全面预算结果产生重大偏差的，可以进行调整。

经集团公司董事会审定批准的全面预算，具有严格的约束力，各责任单位必须认真组织实施和执行，未经批准，不得调整。在预算执行过程中，当存在下列情况导致预算编制基础不成立、对全面预算结果产生重大偏差的，严重影响全面预算执行时，按规定程序进行预算调整：发展战略或年度总目标发生变化，经营计划重新制订；全面预算管理委员会决定追加（或缩减）任务；原预算方案中遗漏或偶发性事件等影响业务顺利开展并无法采取其他措施来弥补的事项；国家相关政策、市场形势或生产条件发生重大变化；发生不可抗力重大事件；全面预算管理委员会认定需调整的其他事项。

全面预算调整应遵循以下原则：预算调整应符合企业发展战略、年度经营目标和现实情况，重点放在预算执行中出现的重要的、非正常的、不符合常规的关键性差异方面。预算调整方案应该客观、合理、可行，在经济上能够实现最优化。预算调整应当谨慎，调整频率应予以严格控制，年度调整次数应尽量减少。

5.5.2 调整程序

1.年度预算总目标内的调整

（1）二级单位董事会对二级年度预算总目标内的调整具有决定权。

（2）全面预算管理委员会在保证年度预算总目标不变情况下，对全面预算责任中心年度预算目标的调整具有决定权；对月（季）度预算及年度预算项目内部结构调整具有决定权。

预算调整主要包括分析、申请、审议、批准等主要程序，具体如下：

（1）预算执行单位逐级向预算管理委员会提出书面申请，详细说明预算调整理由、调整建议方案、调整前后预算指标的比较、调整后预算指标可能对企业预算总目标的影响等内容。

（2）预算管理工作机构应当对预算执行单位提交的预算调整报告进行审核分析，集中编制企业年度预算调整方案，提交预算管理委员会。

（3）预算管理委员会应当对年度预算调整方案进行审议，根据预算调整事项性质或预算调整金额的不同，根据授权进行审批，或提交原预算审批机构审议批准，然后下达执行。

企业预算管理委员会或董事会审批预算调整方案时，应当依据预算调整条件，并考虑预算调整原则严格把关，对于不符合预算调整条件的，坚决予以否决；对于预算调整方案欠妥的，应当协调有关部门和单位研究改进方案，并责成预算管理工作机构予以修改后再履行审批程序。

2.年度预算总目标调整

（1）各二级单位年度预算总目标及各分子公司年度预算目标的调整由调整单位提出调整方案，报二级预算工作委员会审核，董事会审批。年度预算目标需要重大调整的，需要报集团审批。

（2）二级预算单位向集团提出书面调整申请，并对调整额度、内容、原因等作出详细情况说明。

（3）集团财务部组织相关部门审核通过，报集团公司全面预算管理领导小组。

（4）集团公司全面预算管理领导小组审批通过后报董事会审批，审批同意后报股东审批。

（5）股东批准后由集团财务部向预算调整单位下达调整批复。

5.5.3　实体单位预算调整操作示例

1.预算科目零星调整

预算科目零星调整指在费用预算执行期间，因业务调整等原因导致年初预算不满足当前需要时，各责任中心可以向全面预算管理部门提出零星调整申请，调整不满足需求的预算科目，在全面预算管理办公室审核通过后，可进行预算科目的零星调整。预算调剂后相应责任中心预算总额不变。

零星调整操作流程见图5-1，即预算调整部门提交预算调整申请，由全面预算管理办公室审核；全面预算管理办公室审核调整事项；调整预算审核通过，调整预算发布生效；预算调整部门按照调整后预算进行预算执行。

2.专项费用预算调整

专项费用预算调整特指在费用预算执行期间内，会议费、劳务费、培训费、车辆使用费等实行总额控制的费用预算，由提出调整需求的责任中心提出预算调整申请，经费用归口管理部门通盘考虑、调剂平衡，报全面预算管理办公室审核通过后，调整相应责任中心预算。预算调剂后相应专项费用预算总额不变。

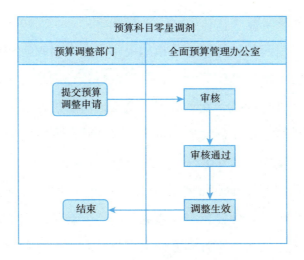

图5-1 预算科目零星调整流程

专项费用预算调整操作流程见图5-2，即预算调整部门向全面预算管理办公室提出预算调整申请；全面预算管理办公室审核申请通过后由预算调整部门进行预算调整；提交调整预算至费用归口管理部门审核；审核通过的预算由费用归口管理部门提交至全面预算管理办公室审核；全面预算管理办公室审核通过后的预算作为执行预算由预算调整部门执行。

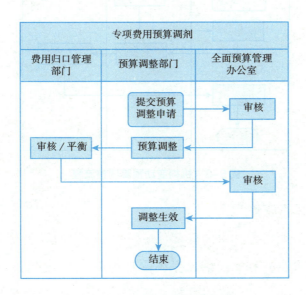

图5-2 专项费用预算调整流程

3.机构变动预算调整

组织机构变动引起的预算调整是指如果年中存在组织机构调整，出现了部门合并、部门拆分、新增部门等情况，可以进行预算调整，对预算组织机构的变动部分进行年中预算调整，变动部门向全面预算管理办公室提出预算调整申请，经预算管理委员会审议通过后可进行预算调整。预算调剂后整体年度预算总额不变。若整体业务结构发生改变，按照重大事项整体调整方式进行调整。

机构变动预算调整操作流程见图5-3，即变动部门提交预算调整申请；预算调整申请待全面预算管理办公室审核通过后，变动部门调整预算；预算变动部门提交调整预算由全面预算管理办公室审核；全面预算管理办公室提交审核通过的调整预算至全面预算管理委员会审批，审批通过后的预算作为执行预算由变动部门执行。

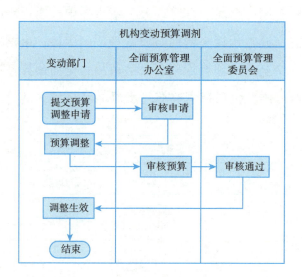

图5-3 机构变动预算调整流程

4.重大变化预算调整

重大变化预算调整指如果内外部环境发生变化并且这种变化在中长期中处于稳定趋势，预算目标和实现情况存在较大差异时，经过全面预算管理委员会和董事会审批，集团批复，可以在预算年度内集中一次年度预算调整。预算调整后整体预算发生改变。

重大变化预算调整操作流程见图5-4，即预算调整目标确定下达；各责任中心，在原生效的预算基础之上，按照预算调整目标进行预算调整（需做好预算调整假设）；全面预算管理办公室汇总形成预算调整草案，提交全面预算管理委员会审批；经全面预算管理委员会审批后的调整方案，报送集团批复；按照集团批复意见，全面预算管理办公室形成预算调整方案；全面预算管理办公室下发预算调整方案，各责任中心按照调整方案执行。

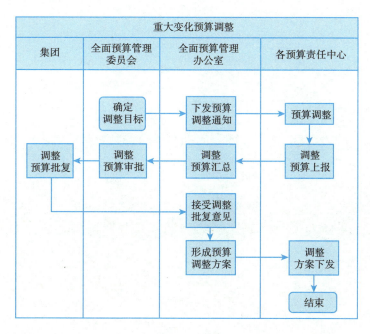

图5-4　重大变化预算调整流程

第6章　预算考核

6.1　考核原则

近年来，股东在坚持"一利五率"的基础上，"一业一策、一企一策"拟定考核指标，对企业精准画像，根据企业功能定位、行业特点、承担重大任务等情况，增加反映价值创造能力的针对性考核机制，同时对科技类企业更加突出科技创新导向，科技指标权重进一步增加。

科技集团对二级单位考核工作以目标管理为基础，坚持战略引领，坚持分类考核，坚持公平公正，坚持激励约束并重，突出经济效益，突出产业协同，突出科技创新，突出可持续发展，规范考核指标体系，规范计分和评级规则，规范考核分工和流程，加强过程管控，着力构建科学有效的绩效考核评价体系。

（1）一致性原则：集团预算考评指标的设计应与股东预算考评指标保持一致，同时考虑集团发展需求确定相应指标。各单位预算考评指标的设计应满足集团指标分解要求，与年初下发的预算指标保持一致。

（2）突出重点原则：预算考评应突出重点，分配不同考核权重，充分发挥考核指挥棒的作用。集团以股东考核指标为主，兼顾集团考核指标。各单位对股东考核指标以及集团考核指标按考核权重予以足够重视。

（3）真实性原则：预算考核以真实性作为基本要求，各单位呈报预算结果应确保真实准确。

（4）兼顾效率与公平原则：指标设计和权重分配应体现效率原则，对不同级次会计科目的考察应以上级会计科目为主，对构成明细的考核则应酌情放宽，不宜考核过细。薪酬分配注重效率与公平并重，预算考评结果作为部门薪酬分配的重要依据。

（5）成本导向原则：预算达成率指标一般采取单向考核的方式，即超支减分、节约加分，可能存在的预算编制不准确的问题通过预算管理规范性进行考核和控制。

（6）特殊费用特殊管理原则：对安全费用、党建经费、工会经费、职工教育经费等预算科目采取双向偏离控制，既不允许大幅超出预算，也不鼓励过度节支。

6.2　考核方式

考核通常以年度为单位，采用量化指标和非量化指标相结合的方式进行考核。量化指标采用打分制，非量化指标采用奖励加分、一票否决或者降级等方式反映在考核结果中。

集团对二级单位考核内容包括经济效益、科技创新、运营管理、专项考核、重点工作五部分。按照单位行业、属性特征，一企一策设定不同的考核指标和考核比重。最终考核结果以决算数据为准。

二级单位根据实际情况拟订对下级单位的考核办法，但不得与集团考核办法相冲突。以下分享 A 集团所属二级实体单位 K 研究院考核案例。

1.奖金划分

从部门角度，总奖金 Q 划分为生产经营部门（含下属子公司）Q_j、非生产经营部门（主要为研发、职能、专职等部门）Q_f、调节奖金 Q_t。

$$Q=Q_j+Q_f+Q_t$$

生产经营部门奖金 Q_j（j=1~n）：

各生产经营部门分别为：Q_1，Q_2，Q_3…

非生产经营部门奖金 Q_f（$Q_f=Q_y+Q_g+Q_z+Q_1$）：

研发部门 Q_y：各研发部门分别为 Q_{y1}，Q_{y2}…

职能部门 Q_g：各职能部门分别为 Q_{g1}，Q_{g2}…

专职部门 Q_z：各专职部门分别为 Q_{z1}，Q_{z2}…

公司领导班子 Q_l

调节部分 Q_t：

$$Q_t = Q \times 0.1$$

2.非生产经营部门考核与分配方案

（1）研发部门奖金。

①部门定位及考评办法。研发部门主要工作是完成公司科技创新研发任务，实行职务岗级、分配系数和考核评价相结合的综合绩效考评办法。

$$Q_{yi} = A_i \times J \times B_i$$

相关参数说明：

Q_{yi}：研发部门的奖金，i=1~n。

$A_i = N \times Q_p$：为拟分配到研发部门的奖金，i=1~n，与各研发部门对应，分别为 A_1，A_2…

其中，N：岗级分配系数；

　　　　Q_p：公司职工平均奖金。

J：部门分配系数；

B_i：研发部门考核评分系数，i=1~n，与各研发部门对应，分别为 B_1，B_2…

②拟分配奖金 A_i。其中，各岗级分配系数如表6-1所示，表6-1所列示岗级分配系数适用于K研究院各部门。

表6-1　　　　　　　　　　岗级分配系数（N）（例）

岗级	职务	系数
N_1	员工（十一级岗位）	1.8
N_2	员工（十级岗位）	1.5
N_3	员工（九级岗位）	1.4
N_4	员工（八级岗位）	1.2
N_5	员工（七级岗位）	1

续表

岗级	职务	系数
N_6	员工（六级岗位）	0.9
N_7	员工（五级岗位）	0.8
N_8	员工（四级岗位）	0.6
N_9	员工（三级岗位）	0.4
N_{10}	员工（二级岗位）	0.3
N_{11}	员工（一级岗位）	0.2
N_{12}	见习生	0.1

例：假设某研发部门职工一共有4名，对应的分配系数分别是N_1，N_2，N_2，N_5，则该部门岗级分配系数$N=N_1+2 \times N_2+N_5$。

拟分配到研发部门的奖金$A_i=N \times Q_p$。

③部门分配系数J。考虑各部门职能不同，并且根据公司规定，制订研发部门分配系数（见表6-2）。

表6-2　　　　　　　　　　部门分配系数（J）（例）

序号	部门	系数
1	研发一	1.3
2	研发二	1
…		

④考核评分系数B_i。根据研发部门的年度考核指标完成情况、工作量及工作业绩进行考核评分，确定B_i，分别由公司领导班子和考核小组针对部门年终总结汇报情况进行评定打分。

考核评分系数（B）最高为1.1，不设下限（见表6-3）。

表6-3 考评系数（B）（例）

评分部门	分数权重
公司领导班子	55
考核小组评委	55
总分	110

$$B=\left(\sum C_i \div I \times 0.55 + \sum D_y \div Y \times 0.55\right) \div 100$$

相关参数说明：

C_i：公司领导班子打分，I为参与考评公司领导数量；

D_y：考核小组打分，Y为考核小组评委数量（该项取去掉1个最高分和1个最低分之后有效分数）。

⑤考评小组评委构成。针对研发部门的考评小组评委由公司各生产经营部门（主要考虑研发要服务于生产经营）正副职组成。

（2）职能部门奖金。

①部门定位与考评办法。职能部门主要工作是公司各项职能业务的管理服务与内外协调对接；实行职务岗级、分配系数和考核评价相结合的综合绩效考评办法。

$$Q_{gi}=A_i \times J \times B_i$$

相关参数说明：

Q_{gi}：职能部门的奖金，i=1~n。

$A_i=N \times Q_p$：拟分配到职能部门的奖金，i=1~n，与各职能部门对应，分别为A_1，A_2…

其中，N：岗级分配系数；

　　　　Q_p：公司职工平均奖金。

J：部门分配系数；

B_i：职能部门考核评分系数，i=1~n，与各研发部门对应，分别为B_1，B_2…

②拟分配奖金A_i计算方法同研发部门。其中，职能部门对应各岗级分配系

数如表6-1所示。

③部门分配系数J。考虑到各部门的职能不同，并且根据公司规定，制订职能部门分配系数（见表6-4）。

表6-4 　　　　　　　　　　　　　　 部门分配系数（J）（例）

序号	部门	系数
1	职能一	1
2	职能二	0.9
3	职能三	0.8
...		

④考核评分系数B_i。根据职能部门的年度工作量及工作业绩进行考核评分，确定B_i，分别由公司领导班子和考评小组进行评定打分，计算方法同研发部门。

⑤考评小组构成。针对职能部门的考评小组评委由公司各生产经营部门、研发部门正副职组成。

（3）专职部门奖金。

①部门定位与考评办法。专职部门主要是固定业务工作；实行职务岗级、分配系数和考核评价相结合的综合绩效考评办法。

$Q_{zi}=A_i \times J \times B_i$

相关参数说明：

Q_{zi}：专职部门的奖金，i=1~n。

$A_i=N \times Q_p$：为拟分配到专职部门的奖金，i=1~n，与各专职部门对应，分别为A_1，A_2…

其中，N：岗级分配系数；

　　　　Q_p：公司职工平均奖金。

J：部门分配系数；

B_i：专职部门考核评分系数，$i=1\sim n$，与各专职部门对应，分别为B_1，B_2…

②拟分配奖金A_i计算方法同研发部门。其中，各岗级分配系数如表6–1所示。

③部门分配系数J。考虑到各部门职能不同，并且根据公司规定，制订专职部门分配系数（见表6–5）。

表6–5　　　　　　　　　　　部门分配系数（J）（例）

序号	部门	系数
1	专职一	0.9
2	专职二	0.8
…		

④考核评分系数B_i。根据专职部门的年度考核指标完成情况、工作量及工作业绩进行考核评分，确定B_i，分别由公司领导班子和考核小组针对部门年终总结汇报情况进行评定打分，计算方法同研发部门。

⑤考评小组评委构成。针对专职部门的考评小组评委由公司各生产经营部门、研发部门正副组成。

3.生产经营部门考核与分配方案

（1）生产经营部门考核。

生产经营部门的奖金考核基数A_i基于利润贡献率，业务考核评分系数B_i基于年度考核指标完成率；系数A重点考核当年经营业绩，系数B重点考核过程管理及可持续发展。

考核相关系数说明：

公司全年总利润$W=W_k+W_{gc}\times(1-a)$；W_{gc}为下属子公司创造总利润，a为下属子公司计入考核利润的比例。

公司全年考核利润$W_k=\sum W_i$（$i=1\sim n$）：

各生产经营部门考核利润分别为：W_1，W_2，W_3…其中，下属子公司考核利润$W_1=W_{gc}\times a$。

（2）考核奖金基数 A_i。

各生产经营部门基于利润贡献的考核奖金基数 A_i 计算方式为：$A_i=(W_i \div W_k) \times Q_j$；其中（$i=1$~$n$）。

A基数可根据各生产经营部门的利润率计算所得，该基数主要反映当年的收入与利润完成情况。

（3）考核评分系数 B_i。

综合A基数的来源，B系数主要由五部分考核指标构成，经营指标、科研指标、安全指标、年度管控指标及个性化指标；各项指标总分值上限为110分，体现鼓励与导向。

各生产经营部门年度考核指标分值参考占比如表6-6所示，各部门需根据业务特点进行部分指标间的个性化分配。

表6-6　　　　　　各生产经营部门年度指标考核基础参考分值（例）

考核体系	考核指标	所占基础参考分值
经营考核指标	合同额	50
	主营业务收入	
	利润	
	应收账款控制	
科研考核指标	根据各部门情况细化	60
安全考核指标	无重伤以上安全事故	
重点管控指标	工资总额	
	毛利润率	
小计		110

由于生产经营部门业务结构及人员状况的区别，需根据各部门情况制定更为细化和个性化的考核指标分配，如表6-7所示。

表6-7 综合各部门经营特点的年度指标考核指标占比（例）

考核体系	W_1	W_2	W_3	W_4	W_5	...
经营指标	50	50	50	50	50	
科研指标	30	30	30	30	10	
安全指标	10	10	10	10	25	
管控指标	20	20	20	20	25	
小计	110	110	110	110	110	

根据公司年初下达或中期调整的经营、创新各项指标，作为各个部门年终计算奖金指标标准。

①经营考核指标。

a.合同额（10分）

合同额是各部门未来发展的保障，是保障各部门收入和盈利能力的基础。考核方案为：

各生产经营部门完成年初公司下达（或中期调整）合同额任务指标得满分，即10分。超额完成部分按超出下达任务比例（每超1%得0.1分）线性得分，最高得分不超过12分，完成值低于任务指标的，同样按照低于下达任务比例（每低10%扣1分）线性扣分，最低得分不低于8分。

b.主营业务收入（10分）

主营业务收入是反映各部门当年经营业绩的重要指标，考核方案为：

各生产经营部门完成年初公司下达（或中期调整）收入任务指标得满分，即10分。超额完成部分按超出下达任务比例（每超1%得0.1分）线性得分，最高得分不超过12分，完成值低于任务指标的，同样按照低于下达任务比例（每低10%扣1分）线性扣分，最低得分不低于8分。

c.利润（5分）

利润是反映各部门盈利能力的最重要的指标。考核方案为：

各生产经营部门完成年初公司下达（或中期调整）利润任务指标得满分，即5分。超额完成部分按超出下达任务比例（每超1%得0.1分）线性得分，最高得分不超过6分；完成值低于任务指标的，同样按照低于下达任务比例（每低10%扣1分）线性扣分，最低得分不低于4分。

d.应收账款控制（25分）

应收账款控制对于企业来说至关重要，关系到企业的资金能否顺畅流通。考核方案为：

各生产经营部门完成年初公司下达（或中期调整）应收账款任务指标得满分，即25分。超额完成部分按低于下达任务比例（每低10%得1分）线性得分，最高得分为30分；完成值超出任务指标的，同样按照超出下达任务比例（每超1%扣0.1分）线性扣分，最低得分不低于10分。

②科研考核指标。科研考核指标是公司公益性企业考核体系下的重点关注指标，公司考核指标的制定主要思路为分解公司考核指标。

具体内容主要包括：纵向项目申报与获批、高水平科技论文发表、专利获批、标准编制、科技成果鉴定与获奖。

按照公司对各生产经营部门年初下达的科研考核指标要求，达到要求即为满分。高于要求（每增1%加0.1分），最高得分为满分的1.2倍；低于要求（每减1%扣0.1分），最低得分为满分的0.5倍。

注：下属子公司科研指标可考核新技术方面的示范作用。

③安全考核指标。安全和质量是企业生存之本，为了使生产能够安全高质量运行，必须把安全和职工的利益联系起来。

根据各生产经营部门年度安全考核分值占比及全年安全生产情况，根据以下方式进行核算：

8级（含）工伤以上1人次扣0.5分，死亡1人次扣10分。

未发生8级（含）以上工伤，得分为满分（考虑安全已有风险抵押金，此处不再设奖励限额）。安全考核最低得分为0分。

④重点管控指标。重点管控指标主要包括工资总额和毛利润率（即成本费用支出），是关系公司全年盈利水平的重要指标，也是公司年度工作考核中有关于全员劳动生产率水平的重要指标。

按照公司对各生产经营部门年初下达的重点管控指标要求，达到指标要求为满分。高于要求（每增1%加0.1分），最高得分为满分的1.2倍；低于要求（每减1%扣0.1分），最低得分为满分的0.5倍。

按以上规定累加，将各部门得出的分数除以100，即为各生产经营部门业务考核评分系数B_i。

（4）各生产经营部门奖金。

根据上述考核办法计算，可得到各生产经营部门的奖金：

$$Q_1 = Q_j \times A_1 \times B_1 \div \sum (A_i \times B_i)$$

$$Q_2 = Q_j \times A_2 \times B_2 \div \sum (A_i \times B_i)$$

4.各部门正副职考核与分配

（1）各部门正职。

各部门正职奖金分配分为两部分：拟分配奖金数A、考核评议系数B。

各部门正职拟分配奖金数$A = Q_{p0} \times F$。

相关参数说明：

Q_{p0}：各部门奖金平均数$Q_{p0} = Q_0 \div N$。

其中，Q_0：经考核后确定的各部门分配奖金数。

　　　N：为计酬员工数量，此数据以人力资源部门依据年度确认数为准。

F：分配系数，此系数由公司总经理办公会确定。

各部门正职考核评议系数B：由公司领导班子、本部门职工和各部门正职之间打分，综合计算得出。

考核评议系数（B）最高为1.1，不设下限（见表6-8）。

表6-8   考评系数（B）（例）

评分部门	分数权重
公司领导班子	50
本部门员工	40
各部门正副职	20
总分	110

$$B_x = \left(\sum C_i \div I \times 0.5 + \sum D_y \div Y \times 0.4 + \sum E_j \div J \times 0.2 \right) \div 100$$

C_i：公司领导班子打分，I为参与考评的公司领导数量；

D_y：本部门员工打分，Y为参与打分的员工数量（该项取去掉1个最高分和1个最低分之后有效分数）。

E_j：各部门领导班子成员打分，J为公司管理的中层干部数量，目的为体现各部门之间的团结协作。

部门正职年度奖金数$Z_x = A \times B_x$。

（2）各部门副职。

各部门副职拟分配奖金数A：原则上为各部门正职拟分配奖金的0.85。

各部门副职考核评议系数B：由本部门正职、本部门员工之间打分，综合计算得出。

考核评议系数（B）上限为正职拟分配奖金的0.9，下限为0.6（见表6-9）。

$$B_x = \left(\sum C_i \div I \times 0.3 + N \times 0.4 + \sum D_y \div Y \times 0.4 \right) \div 100$$

表6-9   考评系数（B）（例）

评分部门	分数权重
公司领导班子	30
本部门正职	40
本部门员工	40
总分	110

C_i：公司领导班子打分，I为参与考评的公司领导数量；

N：本部门正职打分，如本部门无正职由公司分管领导打分；

D_y：本部门员工打分，Y为参与打分的本部门员工数量（该项取去掉1个最高分和1个最低分之后有效分数）。

各部门副职年度奖金数$Z_x=A \times B_x$。

5.公司领导考核与分配

公司领导班子考核与分配参照《集团公司二级企业年度经营业绩考核管理办法》《集团公司二级企业负责人年度绩效考核管理办法》等相关规定要求，专项研究制定并发放。

6.3　奖罚措施

设置加分降落伞机制。加分降落伞机制有两个含义，一个是"加分"政策，一个是"降落伞"机制。先要确定一个指标的基准值，基准值为前三年平均数和上年数的较好值。然后对目标值进行分档：一档目标值为同比上年完成增幅高于企业整体效益增幅且不低于基准值的目标值；二档目标值为基准值；三档目标值为差于基准值的目标值。加分政策：报送并完成一档目标值，可获得满分并额外获得10%奖励加分；降落伞机制：报送但未完成一档目标值，考核目标值自动调整为二档目标值进行计分，超出二档目标值可在满分110%范围内，根据超出程度酌情加分。

对重大事项设置一票否决制，针对连续亏损、发生安全事故等造成不良后果的，给予降级惩罚。

6.4 考核工具包

6.4.1 技术成熟度

科技是第一生产力，创新是第一动力。科技创新既是科技企业薪火相传的基因和底色，也是关乎科技企业生存发展和前途命运的关键和核心。因此，科技企业要以科技为核心，实施创新驱动发展战略。

但目前科技企业科研项目管理还存在着一些问题，例如企业发展急需新产品、新工艺，而科技创新和科研活动主要产出仍然是论文与专利。科技评价导向偏离，导致科技人员重论文、轻产品，重水平、轻实用，科技与经济在发展目标上脱节。已经结题的科研项目形成的所谓"成果"中，有相当一部分并不是真正意义上的成果，在先进性、实用性、成熟性、经济性等方面很难同时具备，没有达到可以向生产转化的成熟度，难以真正应用到生产中去。科技投入的产出效益不明显。为了解决这个问题，可以在全面预算过程中，引入"技术成熟度"这个管理工具。

技术成熟度是指科技成果的技术水平、工艺流程、配套资源、技术生命周期等方面所具有的产业化实用程度，反映了技术对于项目预期目标的满足程度。最早是20世纪70至80年代，美国航空航天局NASA提出的来应对复杂系统的技术风险的一种系统管理的方法。技术成熟度等级（也叫技术就绪指数，technology readiness level，TRL）共划分了9个技术发展阶段，对技术成熟程度进行度量和评测如表6-10所示。

表6-10 技术成熟度度量和评测

序号	技术就绪指数	定义
1	TRL1：基础理论研究阶段	最初级别的技术就绪等级，科学研究成果刚刚开始向应用阶段转移
2	TRL2：技术概念应用初期阶段	一旦基础理论建立，开始向应用转化，但是只是简单的应用初期
3	TRL3：理论分析和实验证明阶段	开始实际研发阶段，包括了分析和实验研究，并开始理论验证工作
4	TRL4：实验室环境下样品生产测试阶段	样品器件测试阶段，相比最终系统功能略显简陋
5	TRL5：相关环境下样品生产测试阶段	样品器件的功能增加阶段，并且可在相对接近实际应用环境测试
6	TRL6：相关环境下系统或子系统模块验证阶段	接近实际应用环境下的原型系统测试，这是一个关键性的阶段
7	TRL7：预设操作环境下的原型系统验证阶段	在预设好的操作环境下进行原型系统的验证工作，相比TRL6阶段，更加接近实际应用
8	TRL8：完整系统完成与验证阶段	技术通过预期条件下的验证。一般情况下，这一阶段代表着系统进入最终完善阶段
9	TRL9：最终系统通过特殊要求条件检测阶段	实际系统在要求条件下的最终阶段，能够通过实际环境下的检测和验证

通过进行技术成熟度评价，从研发角度，可以改进研究开发，调整计划进度和资源配置，进而提高技术成熟度：从投资角度，可用于对研发成果做出价值判断，或者判断转化该成果还需投入多少资源，离预期目标仍有多远等；从技术评估者角度，可以作为科技成果价值评估的重要依据，技术成熟度越高的科技成果，其价值越大，反之越小；从监督角度，可帮助决策者及执行者判断该成果的研究开发是否按照预定的研发进度进行，是否达到预期目标，或者离预期目标还有多远等，为改进研发路线，调整经费预算提供依据，达到降低研发风险的目的；从企业管理角度，通过技术成熟度评价可以判断科技成果所处状态，转化成果应具备的条件，还需投入哪些资源要素等，进而找到科研管理切入点。

　　A 集团自 2023 年 7 月开始推行技术成熟度评价应用，目前集团管理的科研项目都编制了技术成熟度演进图（见图 6-1）。我们对照图 6-1 来看，更容易理解。

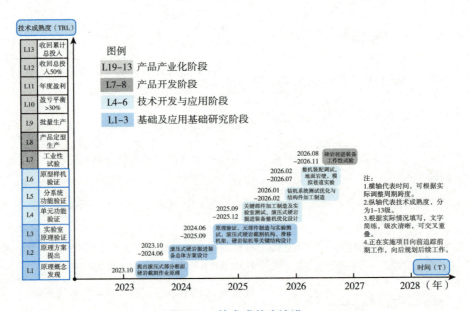

图 6-1　技术成熟度演进

　　美国的技术成熟度是划分了 9 个阶段，图 6-1 划分了 13 个阶段。其中 1~9 级与美国的技术成熟度划分是一致的，10~13 级是我们集团自己结合全面预算，针对技术成熟的产品批量生产后的产业化阶段，进行的延伸划分。

　　横轴是时间轴，纵轴是技术成熟度轴，其中 1~3 级是基础及应用基础研究阶段、4~6 级是技术开发与应用阶段、7~8 级是产品开发阶段，9~13 级是产品产业化阶段，横纵轴构成的平面内是技术开展的标志性结果。技术成熟度演进图展现了技术从无到有到产生价值的过程，所展现出来的思路也是项目管理的思路，比如对于工程项目讲纵轴就是工程进度轴。之所以分享技术成熟度，一个原因是对科技企业来讲非常重要，另一个原因这是科研人员、项目（科研项目和工程项目）人员、经营人员、财务人员共同的话语平台，这是共同的结构图，对着这张图各管理人员都能够对照每个阶段找到管理着力点。

　　对人力资源部门应用考核来讲，每个阶段的考核指标不同，基础及应用基础研究阶段（1~3级）是技术初期、概念阶段，是技术写实，应考核文献研究、开会研讨、头脑风暴等工作日志。技术开发与应用阶段（4~6级），应考核实验测试量、性能测试量、专利技术等。产品开发阶段（7~8级），是产品试产、产品产出阶段，应考核试产成功率等。产品产业化阶段（9~13级），产品实现批量生产，给企业带来回报，应考核盈利能力、市场占有率等。可以先试点建设技术成熟度评价体系，对重点产品线进行技术成熟度分类分级，形成较为完善的指标体系和考核应用方案，并推广应用。要认识技术成熟度各阶段特点，将技术成熟度考核引入二级企业经营业绩考核评价体系之中，持续促进科技研发与科技成果转化良性循环。

对于科技部门推动科技创新来讲，要根据项目的研发阶段，考量研发经费投入量，一般情况下，基础及应用基础研究阶段（1~3级）和技术开发与应用阶段（4~6级）是研发投入的主要环节，这两个阶段没有产出，依靠其他产品产业化阶段的项目进行补给，而后续这个项目成功量产后再反哺给其他的研发项目。

对于投资管理部门开展投资布局来讲，要重点对技术成熟度高、具备产业化的科技成果及时开展投资前期研究工作，从经营模式和盈利模式出发，重点关注产品开发阶段（7~8级）和产品产业化阶段（9~13级），推动科技成果转化，开展扩大再生产，提高科研对集团产业发展的贡献度。

对于财务部门来讲，要将技术成熟度纳入全面预算管理，对照这张技术（或者项目、产品）成熟度演进图就能真正从业务的源头做起，每个阶段投入多少、产出多少。

以X研究院为例：X研究院科研项目管理存在科研人员项目执行进度不明确，项目执行滞后；科研经费使用不规范，不能有效支撑科研项目执行；项目执行完之后投入产出比不明显等问题。通过将技术成熟度这一工具在低矮巷道高效探放水钻孔机器人等三个科研项目上进行应用，X研究院梳理了每个项目技术成熟度图谱，在设计初期、试生产、检测检验、工程示范、市场推广等各个阶段均明确了每个技术阶段对应的责任部门（见图6-2）。

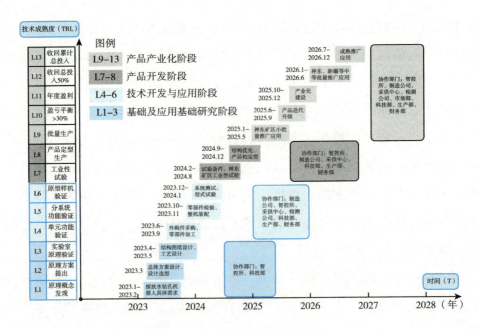

图6-2　X研究院技术成熟度演进

在科研项目的执行过程中，运用了技术成熟度的三个项目，在实施起来责任明确、协作部门清晰，管理部门服务到位，有效地推动了科研项目的有序进行。在科研资金的使用上，由于财务部门与科研管理部门的有效管理与监督，避免了乱报账、入错账、经费执行不到位等问题，保障了科研经费对项目的支持。在科研项目执行完之后，市场部门将及时介入，与财务部门联合对科研项目执行的效果进行检验，从而能够科学合理地验证科研项目的投入产出比。[①]

6.4.2　信用工资

信用工资是在利润总额与工资总额挂钩的情况下，兼顾以人为本的理念，临时"借给"困难企业和个别新设企业的薪酬。信用工资能够帮助企业熨平效益起伏带来的工资波动，让员工薪酬平稳过渡。

---

① 2024年4月23日，集团公司习近平新时代中国特色社会主义思想干部研学班（第5期）上的演讲稿《中层管理者应具备的基本职业素质》。

A集团以"两低于"为指导，基本建立起了5C（5-check）工资总额管理体系，形成工资总额"年初预算＋过程监控＋正式批复＋年度清算"的闭环管控模式。近两年A集团为困难企业和个别新设企业提供"信用工资"，允许其通过向集团公司寻求适当"政策支持"以及"借支归还"的方式，解决工资总额缺口需求。

需要说明的是，信用工资不是"给"的，而是"借"的，要知道效益好了要"还账"。二级单位要积极筹划怎么去"挣工资"，而不是去"等靠要"，同时要严格按照制度主动把工资总额管控住、发放好，避免发生工资总额超提超发失控现象。因此，各单位要建立、完善本单位的薪酬管理体系。[①]

① 2023年3月1日，集团公司2023年度财务工作会议上的财务工作报告。

第7章 全面预算管理信息化

7.1 思路和实施路径

7.1.1 总体思路

2022年3月初国务院国资委发布《关于中央企业加快建设世界一流财务管理体系的指导意见》，提出完善纵横贯通的全面预算管理体系。完善覆盖全部管理链条、全部企业和预算单元，跨部门协同、多方联动的全面预算组织体系、管理体系和制度体系，实现财务预算与业务、投资、薪酬等预算的有机融合。建立高效的资源配置机制，实现全面预算与企业战略、中长期发展规划紧密衔接。完善预算编制模型，优化预算指标体系，科学测算资本性支出预算，持续优化经营性支出预算，搭建匹配企业战略的中长期财务预测模型。加强预算执行跟踪、监测、分析，及时纠偏。按照"无预算不开支、无预算不投资"原则，严控预算外经济行为。强化预算执行结果考核评价，增强刚性约束，实现闭环管理。这为全面预算管理信息化建设提供了根本遵循。

7.1.2 具体推进思路

集团全面预算管理信息化建设，既要满足集团管理需求，也要满足各单位个性化需求，而且每家单位信息化水平不一样，因此想一步到位是不太现实的，需要分步分级推进。集团层面是结果导向，更关注股东考核目标、预算任务和各专项工作是否能够完成，同时更关注风险。二级单位层面是业务导向，更关注产品或者业务板块的盈利能力，成本费用控制等。从内容来说，集团预算更宏观，二级单位预算更细化。因此，集团推进全面预算信息化建设的具体思路是，集团和二级单位同时推进，信息化基础好的单位先建，将业务财务系统打通自成一体后，再与集团预算系统对接。

从工作开展顺序上看，全面预算管理信息化是排在其他工作后面的。因为只有制度和表单优化后实现固化、流程实现标准化、各部门实现协同配合后，才能比较系统地搭建全面预算管理信息系统。一定是先理顺管理，再推信息化。否则，会出现刚建完就要推倒重来的情况，造成反复建设、资源浪费。

信息化建设一定要尊重客观规律，条件成熟一家，建设一家，循序渐进。集团在2018年、2019年两年持续推进全面预算管理，各单位实现业业、业财初步融合后，自2020年起，将全面预算系统信息化作为七项重点工作之一，与定额管理、量本利速算等重点工作一同，先试点推进，再全面推进。

全面预算信息化阶段：先确定预算模块版本、实施商、顾问商，再按照"先重点单位、后次要单位，先核心单位、再辅助单位"的原则确定分类实施单位，按计划实施。具体如图7-1所示。

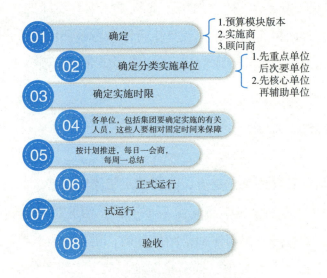

图7-1　全面预算信息化推进流程

资料来源：2018年全面预算推进工作指南。

7.1.3　实施路径

在实施过程中，有的企业抱怨，某某软件不好用，某某实施商不靠谱，其实出现这些问题的根本原因更多在于实施企业本身。自己的需求没有捋明白，流程没有梳理清楚，系统怎么建、怎么用没有想透彻，总是依赖实施商来平地起高楼，那么这个高楼一定是僵化的、制式的，不能满足个性化需求的。软件只是一个工具、一个平台，只有企业管理流程、管理逻辑嵌入进去，这个系统才能够有灵魂。

对于没有建设过信息化系统的零基础人员来说，怎么样逐步开展系统建设呢？A集团有一个法宝——"3+1"方案（需求分析、数据标准、业务流程、建设方案），在正式实施前把这4个方案编制出来，就能够避免很多实施过程中的问题。这个法宝是经过多个信息化系统实践检验，确实有效的一套方法论。下面从系统建设总体思想、具体建设步骤（含"3+1"方案）、组织保证三方面展开说明一下实施路径。

（1）总体思想。做信息化思想境界要实现三个转变：第一，从无到有，即无中生有。"有"指要建设的那个信息系统，那个将来要存在的东西。"无"指现在的我们的世界中还不存在那个将来"有"的"信息系统"。第二，从实到虚。这个"实"指的是我们现在具备的原材料，包括：现在的工作及成果、基于现在对将来追求的描述、现有的信息手段等；相对于这些实的原材料，"虚"指的是我们要建设的那个电子化的工作流程及成果体系，即"信息系统"。第三，从虚到实。这里的"虚"就是建立起来的信息系统，这里的"实"指的是现在的实际工作。从虚到实，指的是用这个信息系统来监督、管理、操作现在实际的工作。这一阶段的"虚"就是上一阶段的"虚"，这个阶段的"实"可不是上一阶段的"实"，这个"实"至少在时间点上、工作工具的应用上已不是上一个"实"了，这时的"实"已融入了我们建立的"虚"了。

（2）建设步骤。第一步，需求分析，解决"谁需要"和"要什么"的问题，形成调研报告。既要从操作层面出发，又要融入管理思维。一是从系统的建设方角度，梳理并形成具有体系的管理报告，报告内容以日常开展的工作为基础，如日常管理报告、监管机构监管的要求、公司本身监管的要求以及中介机构输出的报告等。二是从系统的使用方角度，开展调研，明确应用层面的难点与需求，确定实施范围、关键用户、最终用户。不同类型的系统实施范围不同，要明确实施范围的界定标准；关键用户和最终用户要落实到具体岗位。第二步，制定数据标准方案，明确数据来源，解决"是什么"和"从哪来"的问题。在明确系统建设需求后，全面盘点系统建设涉及的数据，要制定数据标准，明确系统专业术语及名词定义解释；落实每一项数据的来源，厘清源点数据与过程数据，哪些数据可以从已建成的系统里获得，哪些数据需要哪个岗位录入。第三步，梳理业务流程，解决"怎么去"的问题。根据系统建设的功能，一一梳理业务流程，建立系统中从数据来源到输出结果的路径。可以以某一单位为例，梳理该单位所有业务流程、表间关系、数据流向，以一个单位为示范走通全盘业务流程。第四步，形成建设方案并组织实施，采用信息化技术输出成果。在上述三个步骤的基础上，将详尽的调研报告、数据标准方案、业务流程方案相结合制定建设方案（"3+1"方案），由实施商建设，用尽可能的精准和标准减少因模糊处理而导致系统偏离建设目标的问题。

（3）组织保证。一是建立甲方、实施、咨询、监理四位一体的工作组织模式，咨询和监理可以专家身份加入项目组，必要时可聘请咨询公司、监理公司。需要注意的是咨询提供的咨询方案要与实际建设需求相匹配，不能生搬硬套。二是加大关键用户的参与力度，发挥关键用户在业务专业领域的功能作用。关键用户要参与项目全过程建设，主要功能有三个，第一个是向实施商传递所在单位的各种关键需求，第二个是作为实施商和最终用户之间的联系人，向实施顾问解释最终用户的需求，第三个是要向最终用户开展培训，系统上线后，要支持系统运维。三是在系统建设前期要制定系统用户职责手册，明确使用范围、确定关键用户、最终用户以及职责要求，以此作为系统建设的组织保障。四是分步实施。结合系统实际情况，对于系统功能模块较多，管理幅度大，用户范围广，应采用分步实施方式开展系统建设，如先建设应用层的功能，再建设管理层的功能或者先试点建设，再全面推开。

7.1.4　全面预算系统与业财系统的融合

全面预算管理信息系统的建立是提升管理效率、优化资源配置的重要一步。但如果全面预算系统未能与其他财务、业务信息系统有效打通，将影响数据的流通性、准确性和决策效率。

为破除这一障碍，实现信息的全面整合与共享，全面预算管理信息系统建立后，应尽快与会计核算、司库管理、资产管理、合同管理、人力资源等信息系统有效连接。成立由IT部门、财务部门、业务部门等关键部门组成的跨部门专项工作组，对全面预算管理信息系统和其他业财系统进行全面评估，了解系统技术架构、数据接口、数据格式及业务流程间的差异与互补性，制定统一的数据标准与规范，选择合适的集成方案，持续推进后续整合工作。

7.2　集团全面预算系统建设

全面预算管理信息化系统最基本要具备三大功能：预算编制、预算分析、预算结果运用。系统应与业务系统打通，实现数据互融互通。集团全面预算系统架构如图7-2所示。

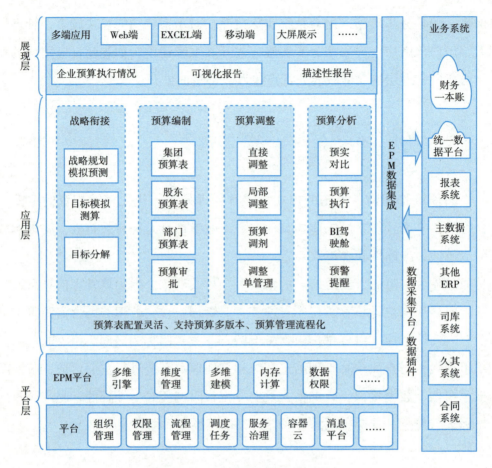

图7-2　集团全面预算系统架构

全面预算系统中要有两条主线，一条是全面预算指标体系，另一条是绩效考核指标体系，"两条腿"走路，逐级向下，组成全面预算框架。围绕两条主线，做数据展示、分析、风险提示等。

全面预算分析要由三大部分组成：一是管理建议。从正向管理的角度，在分析各单位经营状况基础上，得出进一步优化和提升的建议。二是风险提示。从逆向管理的角度，区分不同业务类型和发展阶段，自下到上对各单位进行风险管理。三是总体评价。结合各单位的经营状况和风险给出总体评价。逐步建立管理建议指标与风险指标相匹配，反向管理、正向引导、自身实际情况有机结合的分析体系。

在数据标准文档基础上对预算指标进行优化，说明指标内涵、计算公式，对每个单一指标明确高、中、低3档，搭建指标体系。指标展示要分环比、同比、历史变化趋势3个维度。

逐一对重点指标预算分析表进行细化，补充完善各项指标执行情况表，对各项指标探索拟定评价标准，最终能够实现在执行数据录入后系统能够给出评价和建议，如督促业务部门完善制度体系、关注潜在风险等，充分发挥全面预算管理对决策支撑和管理提升的作用。

7.3 实体单位全面预算系统案例

7.3.1 预算模型设置

按照业务分类，预算模型包含整体预算模型、产品类预算模型、项目类预算模型以及其他类预算模型（见图7-3）。通过信息化系统，嵌入成熟的预算模型，可以提高预算编制或执行分析的效率。

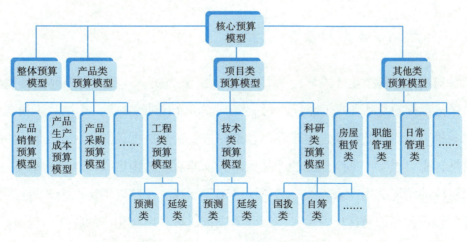

图7-3 预算模型

产品类预算模型包含产品销售、产量、成本、采购等预算模型；项目类预算模型从业务划分上划分为工程类、技术类、科研类，从是否在履约执行角度又区分为预测类和延续类。下面以X研究院为例说明一下各预算模型的逻辑关系。

7.3.1.1　整体预算模型

整体的预算编制模型采用的是从下往上的汇总逻辑。在部门层级以具体业务来进行预算编制，编制完成后先以部门角度汇总形成部门预算，再向上自动汇总生成对应的产业板块预算以及院层级整体预算。如图7-4所示。

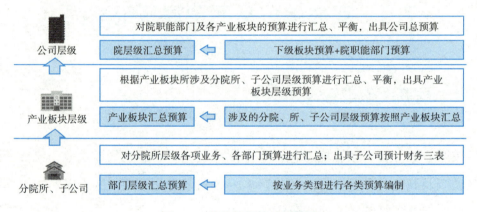

图7-4　整体的预算编制模型

7.3.1.2　产品销售预算模型

针对产品销售类业务预算，采用的是以销定产的方式，先进行产品销售预算。产品销售预算的基础来源于经营计划，按产品分为不同的大类，小类具体到型号，针对常规可预测性的产品，由市场经营部门进行销量数据预测，再结合预测的销售价格，来自于生产部门预测的产品成本，推测对应的销售收入、销售成本，并辅以对应的销售费用，来完成产品整体的销售预算。按照以销定产模式进行产品类业务预算预测，通过量的输入、结合历史价，自动出具相应的收入、成本、费用预算，降低产品营销人员销售预算编制难度。如图7-5所示。

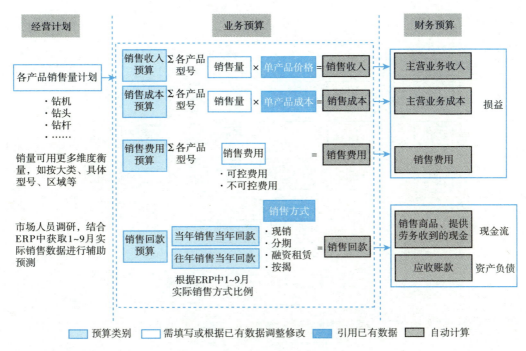

图7-5　产品销售预算模型

7.3.1.3　产品生产成本预算模型

结合预测的销售量、在制品以及库存，预测对应的产量，再按照材料消耗定额、工时工序定额，推算对应的材料成本、人工成本以及制造费用，形成相对应的生产成本。产品生产成本预算与产品销售预算进行数据勾稽，引用销售预算预测销量、库存预算存量，结合生产系数自动计算产品生产成本预算，形成产品类业务预算产销存预测一体化。如图7-6所示。

7.3.1.4　产品采购预算模型

产品采购预算，主要按照需求采购量减去库存量来自动计算。采购量基于预测的产品产量以及对应的产品制造BOM，拆解至具体需要采购的物料型号，再结合对应型号的历史采购价，辅以协议价进行自动计算。以销定产、以产定采，通过信息系统实现采购预算预测自动化。如图7-7所示。

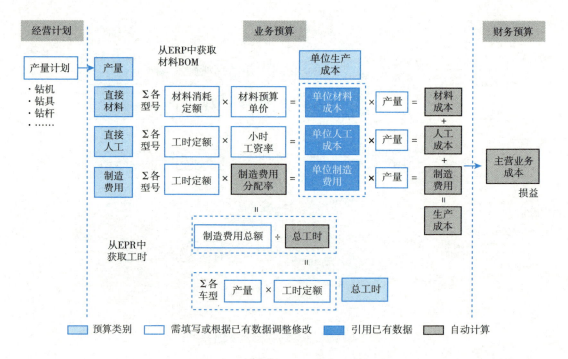

图7-6　产品生产成本预算模型

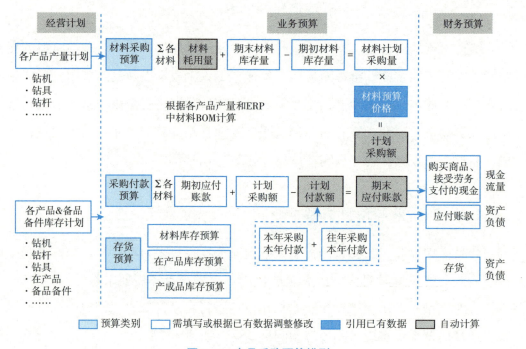

图7-7　产品采购预算模型

7.3.1.5　项目类业务预算模型

针对工程技术、科研项目预算，采用的是区分预测项目与延续项目。预测项目以部门口径按照专业类型进行新签合同额、收入、成本、费用的预测；延续项目针对时间周期跨度大、资金占用量多的工程类项目采用一项目一预算的模式进行项目预算编制；将短平快的工程类项目以及技术类项目按照部门预算口径进行预算编制及管理；对科研项目按照具体科研计划、科研批复要求进行针对性预算管理。针对于预测类项目，待年中履约执行时再次进行单独预算编制管理。因此，项目预算管理模型整体采用以具体项目为最小颗粒度，逐级汇总形成部门层级对应的业务预算、专业预算，以及公司层级的业务预算、业务板块预算。以动态项目预算模式进行项目预算管理，做到项目预算管理合理化、简洁化。如图7-8所示。

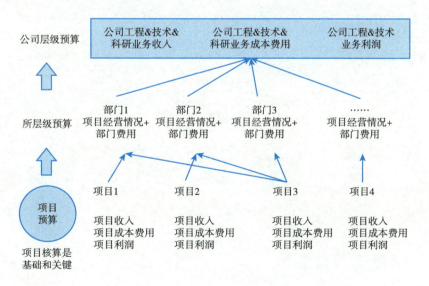

图7-8　项目类业务预算模型

7.3.1.6 预算合并模型

从业务活动、组织架构方面整体是以集团化形式开展业务，因此在预算管理活动中，同样需要考虑集团层级的预算合并与抵销，这包括各部门层级日常业务开展的合并抵销，以及院本部层级与各子公司层级就财务角度的预算数据的合并与抵销。

预算的合并、抵销按拟合并预算区分内部购销、股权投融资、维修供需服务以及款项往来等，按照不同的合并口径、合并抵销规则，来自动生成对应的预算合并结果，反映到预算体系中的资产负债、利润、现金以及经营预算抵销分录等上，整体形成预算管理内容科学规范化。如图7-9所示。

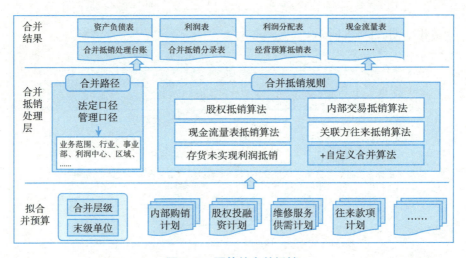

图7-9　预算的合并抵销

7.3.1.7 资金预算模型

依托于预算系统，实现了整体业务资金预算业务的在线整体化汇总、批复以及执行，通过于ERP系统的集成运用，保障了整体月度资金计划控制的效果，初步达到了月度资金计划在线化管控。如图7-10所示。

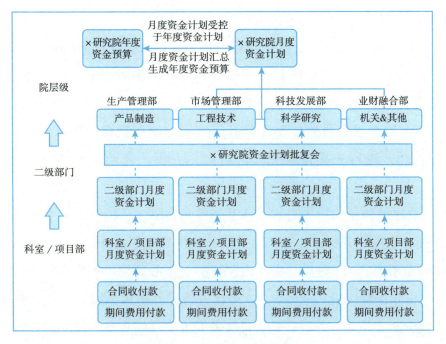

图7-10　资金预算系统

7.3.2　预算执行分析和预警

7.3.2.1　预算执行分析

根据战略规划及新的业务发展需求，建立健全业财联动的预算分析模型，针对核心预算指标（包括并不限于财务KPI、核心业务KPI、成本费用KPI等），按照月度频率开展预算执行分析。

在预算系统内从执行、管控、决策三个角度来分别构建预算统计分析功能：执行层提供组合统计查询、格式化报表等分析工具，方便日常工作的开展；管控层通过统计报表、综合查询、预警提示等手段，基于管理主题对业务进行多口径、多维度、跨期间的根源分析，及时发现管理中存在的问题；决策层以管理主题为分析对象，以重点关注指标的执行情况作为切入点，通过对各项指标的情况分析，研究剖析异常和重点关注事项。

预算执行分析内容，主要是预算数据与实际数据之间的统计分析。按照预算管理的需要，分别从产业—部门—项目角度按照营业收入、营业成本、营业利润三大类进行预实分析；按照资金流入、资金流出以及资金流入流出对比三个层面进行月度、季度以及年度资金使用预实对比分析。以预算、资金为主题，进行分类预实统计、对比，分析，辅助各级管理人员管控、决策。

（1）产品销售预实收入分析。产品销售预实收入分析包括：主要产品、备品备件等收入占比分析；主要产品、备品备件等本年预计销量（销售收入）与实际销量（销售收入）对比分析；主要产品、备品备件等本年实际销量（销售收入）与去年实际销量（销售收入）对比分析；各销售部门本年主营业务收入情况占比分析；主要产品、备品备件等各季度实际销售收入情况趋势分析；工程类、技术类、科研类、其他类项目收入情况占比分析；其他业务收入预算与实际情况对比分析；废料处理、设备出租、宾馆出租、房屋出租、出版物收入、其他收入预算与实际对比分析。

（2）主营业务成本分析。主营业务成本分析包括：主要产品、备品备件等销售成本占比分析；主要产品、备品备件等本年预计销售成本与实际销售成本对比分析；各部门本年实际成本同比分析；其他业务成本预算与实际对比分析；废料处理成本、宾馆运营成本、其他业务成本预算与实际对比分析。

（3）营业利润预实分析。营业利润预实分析包括：主要产品、备品备件等各类产品销售利润占比分析；各销售部门本年营业利润情况占比分析；主要产品、备品备件等产品各季度利润情况趋势分析；主要产品、备品备件等各类产品营业利润情况同比、环比分析；历年产品销售营业利润增长率趋势分析；工程类、技术类、科研类、其他类项目利润情况占比分析；工程类、技术类、科研类、其他类项目利润情况同比、环比分析。

（4）资金预算分析。资金预算分析方面主要是按照资金流入、资金流出以及资金流入流出对比三个层面进行月度、季度以及年度资金使用预实对比分析。

（5）资金流入情况分析。资金流入情况分析包括：各部门经营活动、投资活动、筹资活动资金流入情况与预计流入情况对比分析；各部门经营活动、投资活动、筹资活动全年、各季度、各月实际流入情况、预计流入情况趋势分析；各部门经营活动、投资活动、筹资活动资金流入预算、实际情况占比分析。

（6）资金流出情况分析。资金流出情况分析包括：各部门经营活动、投资活动、筹资活动资金流出情况与预计流出情况对比分析；各部门经营活动、投资活动、筹资活动全年、各季度、各月实际流出情况、预计流出情况趋势分析；各部门经营活动、投资活动、筹资活动资金流出预算、实际情况占比分析。

（7）资金流入流出情况分析。资金流入流出情况分析包括：各部门资金流入情况和资金流出情况统计分析；产品、工程项目、技术项目、其他项目实际资金流入、流出情况占比分析；各类合同资金流入流出情况统计分析；资金流入、流出预算、实际情况同比、环比分析。

7.3.2.2　预算执行预警

在预算系统内搭建了预算执行预警功能，基于关键预算考核指标，未如期达成既定目标或存在相应偏差时，系统以消息的形式主动预警相关责任人，变被动为主动，能够及时了解情况而尽早干预，保障整体业务按照既定目标运行。

（1）预算预警指标。预算预警指标主要为：新签合同额、收入完成额、成本费用支出额、利润完成额、到款情况、资金支出使用额以及应收账款额。

（2）预算预警规则。预算预警规则主要是按照定频（月、季、年）结合偏差率，推送相关预警信息给相关责任人，如表7-1所示。

表7-1

序号	预算偏差率	预警规则
1	5%~10%	推送预警信息至责任中心负责人
2	10%~20%	推送预警信息至责任中心负责人及院预算管理办公室相关人员处
3	20%及以上	推送预警信息至责任中心负责人、院预算管理办公室相关人员、院领导

预警消息由预算系统产生，推送至OA系统供各责任人查阅。

7.3.3 费控系统应用

费控系统建设的目标是借助全面预算这个管理工具持续提高企业降本增效的效能。通过费控功能的建设将业务、预算、核算、资金四维融合于一体，以资金支出为主线、以网报及合同结算申请审批流程为触发、实现事前事中过程控制，将系统集成、数据挖掘、多维分析、智能辅助决策、移动化等专业信息技术应用到预算目标、预算编制、执行控制、变更调整、分析评价等整个预算管理过程，真正实现"事前有计划、事中可控制、事后能分析、考评"的预算管理模式，可以更好地实现企业战略落地、资源合理配置、成本降低、内部管控、风险防范的目标。

7.3.4 费控实现思路

费控管理的内容包含年度预算管理、月度资金管理，如图7-11所示。具体的费控业务活动包括收入端的开出发票、应收挂账、资金到账等，支出端的收到发票、应付挂账、资金支付等。费控的核心在于实现关键业务的以收定支，具体业务做到收支平衡。

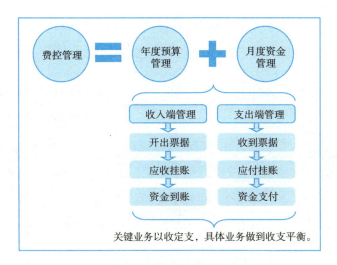

图7-11 费控管理内容

系统整体费控实现思路是：以业务为起点、以预算为基础、以资金为抓手，按照"权责发生制"从账务角度对业务进行费用控制，按照"收付实现制"从资金角度对业务进行预算管控。

7.3.5 整体费控实现方式

按照整体费控思路，费控系统的实现方式是以ERP系统及预算系统为核心，打造费控引擎，通过业务系统与ERP系统的数据交互，进行预算控制，达到费控效果。如图7-12所示。

具体的预算活动、针对具体的业务场景，采用不同的控制手段，在ERP、PM等业务流程中寻找关键控制点，通过控制引擎进行成本费用控制。针对具体的业务活动、预算科目，有针对性地采用刚性控制、柔性控制、定额控制或者组合控制等，保障具体业务活动按照既定目标开展。

在信息系统层面，区分为预算管理业务端以及预算执行费控端。预算管理业务端主要指的是预算系统，实现预算目标管理、编制管理、执行结果存储、统计分析及相对应的考核管理；预算执行费控端指的是通过预算系统与ERP系统的集成，以ERP为控制系统打造预算控制引擎，并通过各业务系统与ERP系统间的数据交互，形成具体业务具体控制、整体情况全局控制的应用效果。

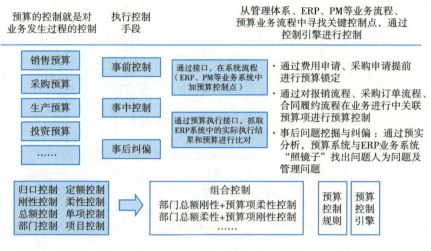

图7-12　整体费控实现方式

7.3.6　收入端业务管控

收入端业务以销售订单/承揽项目为载体，进行收入归拢统计，形成收入端预算执行统计自动化。

针对收入端的预算，不作刚性的控制，采用归拢统计，如图7-13所示。

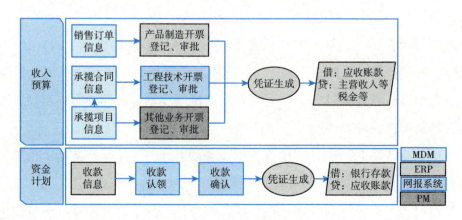

图7-13　收入端业务管控

对于收入预算，产品类业务依托ERP系统进行预算执行归类，形成对应的主营业务收入税金等；工程技术类业务依托于PM系统登记，最终在ERP系统中进行预算执行归类，形成对应的主营业务收入、税金等；其他类业务依托具体的业务系统，在ERP系统中进行预算执行归类，形成对应的主营业务收入、税金等。

对于资金计划，在网报系统中按照自动获取的银行到款信息进行收款认领，再经由财务确认后在ERP系统中形成对应的记账凭证。

ERP系统实时将收入确认情况、收款到账确认情况反馈至预算系统，供预算系统进行收入端或者预实统计分析使用。

通过ERP系统、预算系统、各业务系统、银行端的链条式集成互通，形成收入、资金数据的自动归口，初步形成收入端预算执行统计自动化。

7.3.7　支出端业务管控

支出端关键业务管控流程：以各业务系统承载为基础，按照票据/报账/报销/付款为载体，实现预算报销/报账全流程控制、资金支出借款/支付全流程控制，在各个业务环节校验与检查预算合理合规性。如图7-14所示。以各业务系统为源头，按照票据/报账/报销/付款为载体，实现预算报销/报账全流程控制、资金支出借款/支付全流程控制，在各个业务环节校验与检查预算合理合规性。

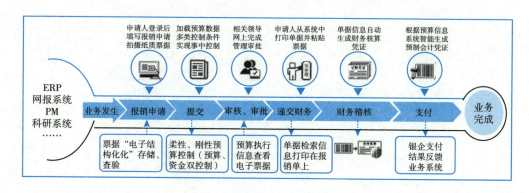

图7-14　支出端业务管控

具体为：

（1）单据填报申请：集成手机，实现票据电子档案化，包括票据的识别、存储、查验、将费控规则前置。

（2）单据提交：检查可用预算、可用资金校验控制，不符合对应控制规则拒绝单据提交。

（3）业务审核：通过控制规则、预算执行信息、在线查看票据等相关信息，辅助审核审批。

（4）财务稽核：按照单据信息自动生成核算凭证；同时进行预算、可用资金校验检查，保障预算执行的刚性控制效果。

（5）出纳支付：根据稽核信息自动生成待支付信息，通过银企支付后返回支付结果。整体形成业务从申请到审批，从审批到稽核，从稽核到支付，从支付到反馈的闭环在线化应用。

第8章　全面预算工具运用

8.1 项目经理人队伍建设

项目经理起源于建筑行业，历来强调衡量及调度，是受企业委托或授权，在建设工程项目施工中担任项目经理岗位职务，直接负责工程项目施工的组织实施者，对建设工程项目施工全过程管理，是建设工程施工项目的责任主体。项目经理在项目管理中起着非常重要的作用，他是一个项目全面管理的核心和焦点。现在项目经理不仅在建筑行业，在很多行业、领域都广泛存在。

在项目经理管理激励上，为吸引优秀人才进入项目经理队伍，引导项目经理积极创效，可以向优秀项目管理企业学习设置职级挂钩政策。举例说明：1亿元及以上的项目经理认定基层正职领导人员履历，项目副经理认定基层副职领导人员履历；5000万~1亿元的项目经理认定基层副职领导人员履历。职级认定有前提条件，要求项目结束经公司审计、经营考核确认，完成考核关键指标且个人绩效考核为称职及以上。如果未完成考核指标，项目经理在项目期间的基层级正副职工作经历不予认定，并按照相关规定予以追责。

 案例1：A设计院工程总承包项目经理人建设

一、工程总承包管理概况

1.组织架构

2021年8月，A设计院进行了市场化改革，并对公司工程总承包管理的组织机构进行了调整，建立了职能部门及二级单位组织架构，公司职能部门主要职责为监管考核，二级单位为工程总承包项目实施主体责任单位。市场化改革后，工程总承包项目管理实行公司和二级单位两级管理，公司层级经营管理部、工程管理部和技术中心对二级单位和工程总承包项目实行监督管理和目标考核。二级单位负责工程总承包项目的具体实施和管理，二级单位内设计部、采购部、工程部、费控部，对工程总承包项目部进行全面管理，为总承包项目的实施提供全方位保障，进一步加强了设计、采购、施工等全过程的融合、衔接，全面提高项目的执行效率。

项目实施阶段，由公司与二级单位签订工程总承包项目目标责任书，由二级单位与项目经理签订项目管理目标责任书，报工程管理部和经营管理部备案。由公司职能部门按照项目目标责任书中规定的管理目标对二级单位和项目部的执行过程进行监管和考核。

A设计院工程总承包项目的综合管理组织机构如图8-1所示。

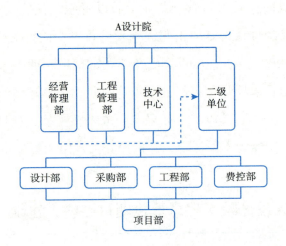

图8-1　A设计院工程总承包项目综合管理组织机构

公司职能部门职责分工：

工程管理部：工程总承包项目的归口管理部门，监督管理工程总承包项目进度、质量、安全等过程的实施运行和目标考核。

经营管理部：负责工程总承包项目招投标、分包、设备采购等工作监管，项目经营目标监管和考核。

技术中心：负责对总承包项目的设计质量、进度进行综合管理和监管。

二级单位职责分工：

设计部：负责总承包项目各设计阶段的文件设计和施工图设计，项目现场设计相关服务。

采购部：负责总承包项目采购计划的编制，负责总承包项目的分包和设备招标采购、催交、监造；分包和设备采购合同拟定；设备及材料仓储管理；分包支付的审核；配合做好设备结算工作；授权签订分包合同。

工程部：负责组织总承包项目投标以及项目全过程的管理、体系建设、考核评价等工作；组建项目部并参加项目实施。负责总承包项目的安全、健康、环境管理计划编制，对现场项目部的HSE工作进行指导和考核。

费控部：负责总承包项目的投标报价、实施预算、变更、总分包结算等费用的编制和确认工作。

2.制度体系建设

近年来，根据总承包业务发展管理需求，A设计院逐步建立了涵盖总体指引、采购、成本、技术、HSE、档案、收尾等要素和阶段的管理体系。

2021年8月，公司进行了市场化改革，工程总承包管理工作向制度化、精细化方向发展。公司于2021年底修订完成新版总承包管理作业文件26项，并逐步完成对原有工程总承包制度的修编，最终形成编制工程总承包管理生产管理类制度5项，招标采购类制度4项，安全监管类制度20项。如表8-1所示。

表8-1 工程总承包管理制度文件清单

序号	制度名称
一	生产管理类
1	工程总承包管理制度
2	工程总承包项目过程管理考核办法
3	工程总承包项目风险管理实施办法（2021版）
4	项目经理人管理办法（试行版）
5	工程总承包项目全面预算管理办法

序号	制度名称
二	招标采购类
1	招投标管理制度
2	评标专家管理办法（修订版）
3	供应商管理办法（修订版）
4	电商采购管理办法（试行版）
三	安全管理类
1	安全生产责任制
2	安全生产与应急管理委员会制度
3	安全生产监督管理制度
4	风险分级管控和隐患排查治理双重预防管理办法
5	安全生产会议管理办法
6	安全生产检查管理办法
7	安全生产教育和培训管理办法
8	安全生产信息报送管理办法
9	安全生产目标管理办法
10	安全生产费用管理办法
11	个人劳动防护用品管理办法
12	建筑施工领域安全生产风险管控体系实施办法
13	施工单位、设备厂家安全生产管理办法
14	环境保护管理办法
15	职业健康管理办法
16	节能减排管理办法
17	生产安全事故应急预案管理办法
18	安全生产管理考核与事故责任追究办法
19	安全监管信息化平台管理办法
20	安全生产标准化管理实施细则

3.项目经理负责制情况

A设计院所有新签总承包项目均采用项目经理负责制。在项目的准备阶段，由公司与二级单位、二级单位与项目经理分别签订项目目标责任书和项目管理目标责任书，项目经理负责项目的全过程管理，形成项目经理以现场施工管理为主、深度参与采购管理和设计管理的模式。公司职能部门按照责任书规定的各项目标对二级单位和项目执行过程进行监管，并根据实际执行情况与目标责任书对照做到有奖有罚。

自2018年开始，公司执行的EPC总承包均执行项目经理责任制，与项目经理签订了责任目标书，项目的总体进度、质量、成本管控、收付款等取得良好效果。

4.独立核算及全面预算得到推广

公司对所有工程总承包项目均建立有专门管理账户，项目执行独立核算，项目全过程产生的收入、支出等成本、费用控制均在专门账户内完成，确保项目的收支进行独立核算。

自2020年起，公司工程总承包项目实行全面预算管理，公司在建的工程总承包项目在项目财务独立核算的基础上，均进行了总承包项目的项目全面预算管理，预算范围包括项目自投标起至合同关闭的项目全生命周期内的各类成本费用控制，确保各总承包项目管理全过程纳入全面预算管理范畴并独立核算；尤其是近几年开工的项目，在项目开始前，均编制了总承包项目的全面预算，作为项目独立核算的执行依据。

5.过程监管趋于标准化

公司于2019年颁布了《工程总承包项目过程管理考核办法》，使得公司层级对正在实施的总承包项目的全面过程监督控制有规可依。根据公司市场化改革要求，2021年重新修订该办法。

自2020年起，由公司工程管理部牵头定期开展对正在执行的总承包项目的过程检查、监督和督促工作，发现存在问题及时予以纠偏，使项目的进度、质量、安全、成本管理全面处于良好的受控状态，确保项目的实施满足公司总承包项目管理的要求，满足各项目业主单位及合同要求，确保总承包项目安全、规范并标准化进行实施，并及时为现场项目部提供技术、管理等各方面的支持和服务。

6.项目管理流程

公司经过近几年的实践，目前已经初步建立了工程总承包项目的标准化管理流程，如图8-2所示。

二、项目经理人建设

1.制度建设

为提高公司总承包项目管理水平，防控项目风险，落实项目经理负责制，公司于2022年底发布了《项目经理人管理办法（试行版）》，目前正在试行阶段。通过确立项目经理人管理制度，明确项目经理的责权利，为项目的执行打好基础。

2.项目经理人分级管理

（1）公司工程总承包项目管理实行两级管理体系，总承包实施单位为责任主体，对工程总承包项目管理的全过程负责；公司相关职能部门负责工程总承包项目技术、安全和经济性评估和准入管理，对项目实施过程进行监督，并承担相应的监督管理责任。

（2）公司工程总承包项目实行分级管理，公司工程总承包项目分为：重大项目、较大项目和一般项目。

重大项目：合同额≥3亿元，或利润总额不低于3000万元的工程总承包项目。

较大项目：1亿元≤合同额＜3亿元，或利润总额超过1000万元、不足3000元的总承包项目。

一般项目：合同额＜1亿元的总承包项目。

公司根据总承包项目的性质和需要，必要时可以对总承包项目管理提升等级。

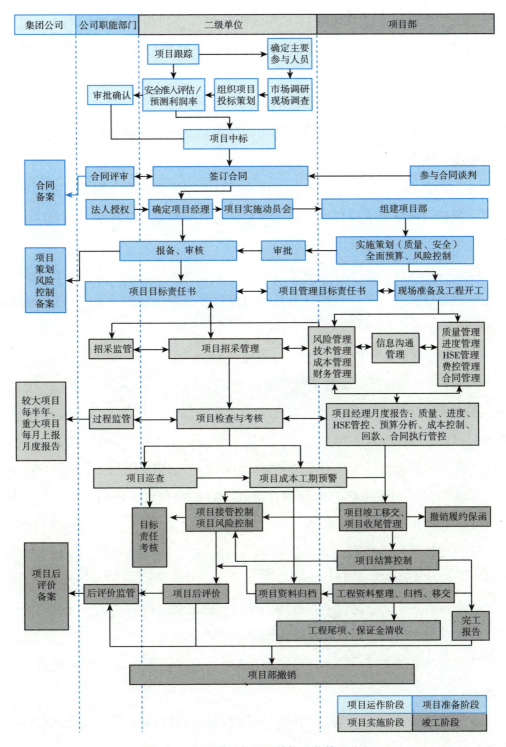

图8-2 工程总承包项目的标准化管理流程

（3）公司对工程总承包项目实行分级管理，公司将重大项目列入全过程监督管理，对较大项目实施重点风险管控，一般项目对实施单位进行督促检查。

（4）项目部的组建。项目部成员由项目经理提名，经总承包实施单位审定，报公司工程管理部备案实施。项目部组建依据精简配备原则，但至少需要配备项目经理、安全经理和技术总工。

（5）项目经理人的任命。重大项目的项目经理任命由总承包项目实施单位提名，报公司审定批准后任命；公司研究认为具有战略意义的重大项目应由项目实施单位负责人担任项目经理。

较大项目由总承包项目实施单位提名，公司有关职能部门审核，公司分管领导审定批准后任命；一般项目由总承包项目实施单位审定，报公司职能部门备案后任命。

3.项目经理职责和权限

（1）项目经理应至少履行下列职责：

①贯彻执行国家有关法律、法规、方针、政策、标准和公司的管理制度，维护公司的合法权益；

②代表项目部签订《项目管理目标责任书》，组织项目部完成各项目标；

③代表公司组织实施总承包项目管理，对实现合同约定的工程进度、质量、安全和费用等目标全面负责；

④在授权范围内负责与业主、发包人、分包人及其他项目关系人的协调，解决项目实施中出现的问题；

⑤对项目实施的全过程进行策划、组织、协调和控制；

⑥负责组织编制总承包项目全面预算，并严格执行；

⑦负责组织编制总承包项目风险评估表，并在项目实施过程中进行动态管理；

⑧负责建立项目部的管理制度，定期开展项目风险预控、安全风险控制工作；

⑨组织中间验收和预验收，参加竣工验收，组织项目的试运行、收尾、交接等工作；

⑩负责工程款催收，组织项目索赔、清算、竣工结算等工作；

⑪负责债权、债务的清理，处理项目的善后工作，按要求组织项目总结和后评价，并积极配合审核、审计工作；

⑫及时、如实报告安全生产、职业健康和环境保护问题和事故。

（2）项目经理具有以下列权限：

①经授权组建项目部，选聘项目部成员，决定项目部的组织结构，确定项目人员的职责；

②在授权范围内行使相应的管理权，并对项目进度、安全、质量、成本费用以及环境等进行管理；

③有权对分包商、供应商的选择提出建议，对拟签订的分包采购合同条款提出意见或建议；项目经理提出的疑义和建议相关单位和部门必须予以答复；

④主持项目部的管理工作，批准发布项目部管理制度和项目管理程序，批准施工技术方案、安全生产方案和技术措施，开展与项目相关的工作检查；

⑤协调和处理项目有关的内、外部事项，并在授权范围内对现场事项进行决策；

⑥在授权范围内有权对项目部人员进行绩效考核，决定项目部人员薪酬，实施与工程相关的奖惩；有权对项目相关人员提出奖罚建议，项目经理提出的相关人员奖罚建议，相关单位和部门必须予以明确答复；

⑦有权拒绝影响项目质量、安全生产、职业健康和环境保护的指令；有权拒绝公司、实施单位、相关部门提出的违法违规事项。

4.项目经理人的绩效管理

（1）公司总承包项目实行项目全面预算管理，项目经理在项目实施前，应组织编制总承包项目全面预算；全面预算提交总承包项目实施单位审核，报公司审定批准后执行。

重大项目全面预算应报公司经理层会议审批；较大项目全面预算应报业务办公会议审批；一般项目报公司工程管理部审批。

批准后的全面预算分别在项目部、实施单位、公司工程管理部和财务部备案。

（2）公司对重大项目的项目经理实行契约薪酬制，根据公司项目经理薪酬水平、项目实施难度、项目规模和利润水平等因素，核定项目全生命周期内的薪酬。

项目经理的项目薪酬主要包括项目薪酬、质量安全风险激励、超额利润激励等三个部分。

重大项目的项目经理薪酬方案由公司总经理办公会决定。

（3）重大项目项目经理的年化薪酬水平不低于实施单位负责人平均水平。

重大项目的质量与安全激励分别按照3万~5万元，依据项目实际情况核定。

重大项目的超额利润激励是指完成利润超过目标责任书约定指标部分。

按照项目全面预算，项目部管理费用实行固定成本管理，成本低于预算的部分按照30%作为项目部绩效激励，高于预算15%的部分在项目部绩效激励中扣除。

项目结算后，项目实现利润超过目标值的部分，按照项目全面预算，确系项目采取措施实现的超额部分。按照15%~30%对项目部予以激励，系公司采取措施实现的超额部分按照5%~15%对项目部予以激励；项目实现利润低于目标值85%的，低于部分将按照5%~20%扣减项目部绩效薪酬。

（4）项目经理的薪酬执行：日常薪酬按照项目薪酬总额的60%按月平均发放；项目竣工完成试验收后，一次性发放项目薪酬的30%；结算完成和工程款回收90%后，一次发放薪酬的10%。

项目完成验收后，经过总承包项目实施单位和公司工程管理部评估后，可以兑现质量安全激励。

项目竣工移交后，完成业主及公司所要求的管理内容，根据项目目标责任书进行考核，财务进行项目独立核算后，且工程款回款90%以上可以兑现超额利润激励。

（5）项目经理薪酬发放：项目经理和项目部人员月度薪酬发放实行一次审核制度。项目实施初期，由项目部提出并报项目实施单位初审，由公司工程管理部审核后，报人力资源部发放。其他一次性薪酬发放，由项目经理提出发放申请，项目实施单位评估审核，公司工程管理部进行审查，经公司主管领导批准后发放。

项目质量安全激励和超额利润激励，由项目实施单位提出，公司工程管理部审核后，报公司总经理办公会审定，公司董事长业务办公会批准后发放。

（6）重大项目的技术总工、安全经理等重要职务，参照项目经理薪酬的60%~90%标准执行，薪酬发放由项目经理考核和实施。

5.项目经理人考核

（1）项目经理人考核。项目经理人考核按照《项目目标责任书》实行过程考核、年度考核和最终考核。考核包括进度、安全、质量、成本费用控制以及综合管理等。

进度考核根据项目全面预算，以项目月度累计确认收入进度为考核指标：收入进度为70%~90%的，扣减当月项目薪酬20%；低于70%的，扣减当月项目薪酬50%；超额完成计划的，对等超前比例发放项目薪酬。

年度考核以年度累计完成计划指标比例进行考核，过程考核与年度考核奖惩不重复。

综合管理考核：业主来函问责一次，扣减当月项目薪酬10%；督办整改怠慢一次，扣减当月项目薪酬10%；业主所有管理处罚，均从项目薪酬同等扣减。

项目实施单位和公司工程管理部进行项目经理人考核，实施单位每月进行月度考核，工程管理部根据总承包项目综合检查安排进行阶段考核。

（2）项目审计评估。项目审计评估为项目最终考核。重大项目上下游结算完成，并经审计确认后，按照《项目目标责任书》中的指标进行考核评估。完成项目规定利润指标的，如期兑现年化薪酬、质量安全激励、超额利润激励。若未完成成本控制目标，则不再发放超额利润激励，同时按照《项目目标责任书》进行处罚。项目最终考核由项目实施单位和公司工程管理部负责组织进行。

（3）项目安全与质量评估。

项目安全评估：项目实施过程中没有发生重伤及以上安全事故；没有发生一次资产直接经济损失10万元及以上的生产安全及责任事故；没有发生直接经济损失累计30万元及以上的生产安全及责任事故；没有发生重大职业健康事件；没有发生突发环境事件及火灾事件；废弃物排放满足国家标准要求；无职业病发生。

项目质量评估：工程质量符合国家、行业、地方有关设计、采购、施工等工程建设质量标准和规范；设计质量100%符合国家和行业强制性标准；采购的材料质量合格率100%（满足设计、技术合同、制造标准及相应规范要求）；单位工程施工质量合格率100%；顾客满意率≥95%。工程建设过程中不发生重大质量事故；没有发生直接经济损失10万元及以上的质量事故。

项目安全质量评估报告由实施单位组织专业人员编制，报公司工程管理部审查备案。公司工程管理部不定期对工程项目安全质量进行抽查评估。

6.罚则

（1）项目实行安全生产一票否决，工程出现安全生产责任事故和有社会影响的责任质量、环保事故，由公司工程管理部进行评估后，除质量安全激励处罚外，追加行政处分处罚。

（2）项目日常管理中工程出现的质量与安全行政处罚事项：第一次扣减质量安全激励30%；第二次扣减质量安全激励60%；第三次全部扣减。

（3）违法违纪事项处罚。项目实施过程中项目经理人必须按照国家相关法律法规执行；发生违法违纪事项，取消所有激励措施，并进行相关经济和行政处罚，同时接受国家有关部门依据法律法规进行处理。

7.加强项目经理培训

近几年，随着公司总承包业务的不断发展，总承包业务出现项目经理数量少，尤其是持证数量偏少，人员普遍由设计转岗工程管理，工程管理经验不足等情况，公司对此采取了以下措施。

（1）加强对员工通过注册建造师考试的一次性奖励，并组织专业老师授课，提高了员工报考积极性，目前公司各总承包项目已实现项目经理持证上岗。

（2）通过开展大师讲堂、专业导师授课等活动形式，组织对项目经理等工程管理人员的理论知识和技能培训，涵盖项目招投标管理、策划管理、合同管理、过程管理、设计管理、施工管理、结算审计管理等项目全过程管理内容。通过提高项目管理人员的综合管理水平，目前总承包项目管理人员已基本能胜任工作需要。

案例2：H设计院工程总承包项目管理

一、案例概述

H设计院业务范围涵盖勘察设计、工程总承包、生产运营、洗选装备四大板块，拥有工程咨询、勘察、设计、监理、环境影响评价及水土保持等10项甲级资质。随着近年来煤炭行业发展业态的变化，业务发展出现一些管理瓶颈，急需提升管理水平，向高质量发展转变。

H设计院自2019年开始推行全面预算管理，为全面提升管理水平提供了一个系统性的管理方法。具体到工程总承包业务，主要就是落实项目经理负责制、实行项目独立核算、推行工程定额管理和量本利分析法。为此，H设计院从2019年开始，全面梳理公司管理制度，建立健全项目经理负责管理和考核体系，建立量本利速算模型，逐步完善工程定额，针对管理的弱项缺项制定全面提升管理提升方案，并逐步落实。

H设计院选择Y选煤厂原煤洗选系统总承包项目作为试点，该项目是H设计院第一个试行项目经理负责制的工程总承包项目。在项目的实施过程中把全面预算管理的理念融入项目管理之中，利用全面预算提升项目管理水平。

二、具体做法

（一）项目信息

项目名称：Y选煤厂原煤洗选系统总承包项目（以下简称Y项目）

建设单位：Y有限责任公司

建设地点：Y选煤厂位于沙梁矿井工业广场

1.项目技术特点

选煤工艺为：80–0mm原煤先经6mm干法分级，分级后筛上物进一步进行3mm湿法脱泥。80–6mm原煤及部分未透筛6–3mm原煤经脱泥后采用块煤浅槽分选。浅槽分选工艺不仅分选精度高，而且能有效减少大块矸石及煤的破碎率，同时分选介质波动小，分选时间短，煤在介质中相对速度小，矸石可以在最短时间内排出，矸石泥化程度可得到有效控制，有利于对煤泥水处理和产品质量稳定。

3–0.35mm粗煤泥不分选，采用浓缩旋流器+振动弧形筛+煤泥离心机脱水回收，掺入混小块产品。

0.35–0mm细煤泥不分选，直接压滤回收，单独销售。

2.项目决策及投标情况

2019年2月14日H设计院对Y项目进行了投标前的内部评审决策工作，签署了标前评审决策书。

2月26日由招标有公司对Y项目进行（国内）公开招标，H设计院中标。

3.总包合同情况

合同谈判及签订情况：2019年3月6日收到中标通知书，经过多次谈判Y

项目总承包合同于2019年5月27日签订完成。

合同评审及风险评估情况：在合同前，根据公司管理制度对合同文本的每条规定进行了严格的合同评审。

（二）项目组织机构

1.项目部组织机构

完全按《项目经理负责制》的规定进行设置。项目部组织机构如图8-3所示。

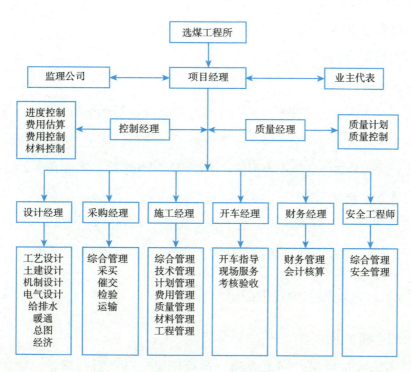

图8-3　项目部组织机构

2.项目经理任命和项目部组建

项目经理由工程所推荐、公司任命，项目部成员由项目经理在公司内部选任，公司批准。

（三）项目管理目标

（1）利润预测：项目经理任命后，由项目经理组织编制《项目利润预测报告》，经过公司职能部门审核后，报公司主管领导批准后执行。《项目利润预测报告》确定的利润指标和成本，作为项目全面预算管理的控制指标。

（2）目标责任书：根据批准的《项目利润预测报告》，由公司主管领导与项目经理签订目标责任书。目标责任书确定的管理指标为：

a.项目进度目标

项目总工期360天（不含试车）。

b.项目质量目标

执行总承包合同（合格）。

c.项目HSE目标

不发生重大人身伤亡事故、不发生重大机械设备损坏事故、不发生重大火灾事故、不发生重大交通事故、不发生重大环境污染事故和重大垮塌事故、不发生大面积传染疾病和集体食物中毒事故；严格控制轻伤事故；实现安全文明施工。

d.项目成本及利润指标

现场管理费××万元；人工成本××万元；项目目标利润××万元。

同时，根据项目执行情况设置利润、成本、工期、质量安全奖励。

（四）项目策划和主要管理措施

1.合同主要工期节点

项目实施前，根据合同要求和公司管理规定以及目标责任书确定的主要工作目标，由项目经理组织编制项目管理计划，作为项目实施过程中的指导文件。

《项目施工组织总设计》是项目实施的纲领性文件，对项目实施全过程的主要工作内容（包括设计采购施工调试等）、时间节点、工作措施、保证措施等进行了详细安排，对外保证合同约定的权利义务的实现，对内保证项目全面预算管理和考核指标的实现。

2.项目管理目标的控制措施

a.设计管理

为了保证本项目设计质量，设计经理由工程所推荐，项目经理认可，设计团队由设计经理组建并经项目经理认可，为项目经理责、权、利的落实铺垫基础。

工程开工前，由设计负责人组织召开相关专业负责人专题会议，明确设计范围，确定设计进度和互提资料的安排。根据设计任务书要求确定的原则，编制设计进度计划。根据公司《三合一质量管理体系》明确必要的程序，实施分阶段质量控制，确保各阶段设计文件做到基础资料齐全，采用技术标准合理准确，深度符合规定要求，满足工程建设的需要和质量要求。

b.采购管理

采购预算：采购预算为《利润预测表》中确定的分项价格，采购招标设置拦标价。预算价格为拦标价的最高限额，不超过此标准可由项目经理自主确定，一旦超出，必须分析原因，并履行相关审批流程。

完善招标管理制度和流程：根据总承包项目总进度计划，编制项目采购计划，采购管理由采购经理负责，并接受项目经理和采购管理部门的管理。采购经理编制采购计划，并根据采购计划适时提出采购申请，经工程管理部审批后，由经营管理部组织招标采购。

拟邀请投标单位：公司建立《合格分包商名录》，拟邀投标单位由项目经理从中选择推荐。公司管理部门可以增加两家拟邀请投标单位，以加强公司内控管理。

评标工作：招标和评标过程执行公司采购管理制度，评标专家组由项目经理担任组长。

完善追责制度：设备的规格型号、标准和采购数量实行责任管理，从设计人、采购经理、项目经理和公司职能部门审核责任人，明确责任与分工，出现问题层层追责。

c.施工管理

施工进度管理按照《项目施工组织设计》确定的工期计划和实施原则进行。每一单位工程施工前，均由施工分包方编制单位工程施工组织设计或施工方案，经公司审核后报监理单位和业主批准实施。

d.项目进度控制

为加强项目的进度管理，公司采购了P6管理软件。项目实施过程中，利用软件编制项目进度计划，并跟踪管理。

控制进度有如下主要措施。

一是计划控制。工程进度以项目进度计划为控制依据，经批准的计划必须严格执行，不得擅自修改。执行过程中出现偏差必须分析原因并制定纠偏措施。

二是合同控制。依据分包合同加强对承包商进行管理，按照合同中规定的工期进度要求安排相关工作，出现拖延，承担相应的违约责任。

三是支付控制。各承包商不按期完成进度计划，不予拨付进度款。

项目进度计划的执行、协调和控制措施包括如下方面。

一是项目部按照项目进度目标，做好项目进度计划。

二是项目部对进度计划执行情况进行检查、控制，及时发现进度偏差，并采取有效的纠偏措施。

三是项目部定期组织召开工程例会、专项计划协调会和现场协调会，分析工程进度计划执行情况，提出进度计划执行情况专项报告。

四是项目部及时向监理提交工程建设进度日报、周报和月报。日报反映工程建设实体的完成情况和重大事项；周报中应对照综合进度计划，反映工程设计、物资采购、对外协调、工程施工和投产验收等业务活动的计划执行情况，以及进度滞后所采取的纠偏措施；月报中则对照综合进度计划，全面反映当月工程进度计划执行和控制情况，提出下月进度总进度计划安排，分析工程建设工期风险。

五是公司工程管理部通过项目进展报告和现场检查了解项目进展情况。对于需要公司协调解决的问题及时处置。

e.项目质量控制

贯彻公司质量方针，树立质量第一，以过程控制为主的管理理念，加强员工质量教育和技术培训；建立健全质量责任制，建设项目质量管理体系和制度；通过编制施工组织设计、组织技术交底、严格选择分包单位、严格进行材料构件试验和施工试验、实施工序质量监控、组织过程质量检验等手段，控制施工质量；根据工程质量形成的时间阶段，施工质量控制又可分为质量的事前控制、事中控制和事后控制。其中，工作的重点是质量的事前控制。

质量事前控制包括如下方面。

一是确定质量标准，明确质量要求。

二是建立本项目的质量监理控制体系。

三是施工场地质检验收。

四是建立完善质量保证体系。

五是检查工程使用的原材料、半成品。

六是施工机械的质量控制。

七是审查施工组织设计或施工方案。

质量的事中控制包括如下方面。

一是施工工艺过程质量控制：现场检查、旁站、量测、试验。

二是工序交接检查：坚持上道工序不经检查验收不准进行下道工序的原则，检验合格后签署认可才能进行下道工序。

三是隐蔽工程检查验收。

四是做好设计变更及技术核定的处理工作。

五是工程质量事故处理：分析质量事故的原因、责任；审核、批准处理工程质量事故的技术措施或方案；检查处理措施的效果。

六是进行质量、技术鉴定。

七是建立质量监理日志。

八是组织现场质量协调会。

质量的事后控制包括如下方面。

一是组织试车运转。

二是组织单位、单项工程竣工验收。

三是组织对工程项目进行质量评定。

四是审核竣工图及其它技术文件资料，搞好工程竣工验收。

五是整理工程技术文件资料并编目建档。

f. 项目费用控制

项目投标阶段，项目经理组织人员依据投标技术文件、概/预算定额和费用指标、公司历年积累的采购数据额和结算资料、项目具体情况等进行项目费用预测。

利用量本利分析工具预测项目的盈利情况，根据公司经营目和竞争对手情况，确定合理的投标报价。

项目签订总承包合同后，项目部依据总承包合同对项目预测费用进行修正，以此为基础并结合总承包合同价款，编制《工程总承包项目利润预测报告》。经工程所（分公司）审查后，报工程管理部、安全监管部和资产财务部审核，公司分管工程总承包副总经理批准。

项目部组建后，以不突破《工程总承包项目利润预测报告》所列项目费用总额为前提，公司与项目部签订《项目管理目标责任书》，确定项目费用。

施工图设计执行限额设计。

总承包管理费由项目部人工成本、车辆使用费、经营费、差旅费、办公费用、安全费用、意外伤害保险费、电话费、项目现场标准化建设费和后期服务费等组成。

工程中间结算应遵循"费用可控"原则，即分包工程中间结算累计值应不超过分包合同价，且不超过总承包对应工程中间结算累计值。

分包工程付款金额不应超过项目对应工程收款金额，并应留有一定的差额。

项目部填制付款审批单，报工程管理部和资产财务部审核，经公司领导批准。

设计变更管理实行分级授权，项目总的变更金额控制在分类投资的1%以内，其中不超过0.3%由项目经理批准，公司备案；0.3%~0.6%由项目实施的工程所批准，公司备案；0.6%~1%由公司工程管理部审核，公司主管领导批准；超过1%由公司总经理办公会议决定。

g.项目HSE管理

现场职业健康管理目标以公司和业主的标准为准，根据职业健康管理目标制定详尽的职业健康管理计划。现场职业健康管理计划应与建设单位的职业健康管理计划相融合，全面融入到业主对项目的职业健康管理整体管理中。

做好人员职业健康及职业病防治工作，保护员工的身体健康，职业健康管理严格执行《职业健康安全绩效测量和监视控制程序》《员工职业健康劳动保护控制程序》《事故、事件和职业病调查处理控制程序》。

项目部制订职业危害作业场所治理的计划，并对职业危害作业场所进行治理。

与职业危害场所配套的防护设备或设施，应符合国家卫生标准，使用单位应定期进行监测和维护，确保正常使用。

对职工定期进行身体检查，发现患有职业病或其他疾病后，按照有关规定安排职业病人进行治疗。对从事接触职业危害作业人员的员工，项目部应按有关规定为其提供有效的、符合国家卫生标准的个人卫生防护用品，并对使用情况进行监督。项目部组织就业及从事职业危害因素作业员工的职业健康与职业病防治知识培训，教育和督促员工遵守职业健康与职业病防治法律、法规及规章制度，正确使用卫生防护设备、设施和个人卫生防护用品，确保员工身体健康。

对工程实施中的职业健康风险管理严格按照《健康、安全风险管理程序》进行。

工程实施前，项目经理部HSE经理负责主持预测和分析本项目施工生产中的职业健康风险因素进行风险评价；制定风险削减措施。

HSE部对项目的危害和影响进行确定，并报项目经理。由项目经理组织施工经理、施工分包单位现场负责人、HSE人员等有关人员进行评审。对已确定或已识别的危害进行分类和整理，并将每类危害进行显在危害因素和潜在危害因素确认。

对职业健康评价报告中显示的不符合健康标准的项目，危害和影响的责任单位应制定具体的风险削减措施，实施风险削减。风险削减措施应包括：预防事故，减少事故发生的可能性；控制事故，限制其范围和时间；降低事故长期和短期的影响。

风险削减措施批准后，项目部HSE经理负责组织实施。项目部HSE部负责将风险削减措施的内容和要求向施工分包单位进行交底，施工分包单位应立即组织实施。

风险削减措施在实施过程中如果出现与评价内容不符的风险或出现新的危害和影响时，应立即反馈给公司安全生产技术部，由公司安全生产技术部重新组织评价或对原评价报告给予补充和完善。

h.项目风险管理

风险管理是对风险的不确定性及可能性等因素进行考察、预测、分析的基础上，制定出包括识别衡量风险，控制防范风险，管理处置风险等一整套科学的管理方法，对项目管理工程中的每个阶段所包含的全部风险通过识别、衡量、控制，使工程顺利进行，减少风险损失，创造更大的经济效益。

风险，指未来的不确定性对工程总承包项目实现其既定目标的影响。工程总承包项目风险主要分为进度风险、质量风险、费用风险、合同风险和HSE风险等。

风险管理应贯穿于项目实施全过程，分阶段进行动态管理。

工程总承包项目风险管理实行"项目经理领导、职能经理主抓、分包单位严控"的管理体系。

项目部应将识别和整理后的项目风险形成项目风险识别清单。

项目部应在项目风险识别的基础上进行项目风险评估，对评估出的重大风险出具《重大风险管理评估意见表》，确定管理重点，落实管理责任，并报送至工程管理部。

项目部应当遵循风险管理策略要求，根据风险管理策略，研究制定具体风险管理解决方案，包括控制目标、岗位职责分工及具体应对措施等项目部应根据项目风险评估结果和风险管理策略，制定项目风险应对措施或专项方案。对项目重大风险应制定应急预案。

i.项目合同管理

工程管理部负责对总承包合同签订和履行全过程进行监督管理，重点管控合同签订流程、监督施工进度、质量、费用控制和施工现场管理等。公司其他相关部门根据其职能对总承包合同签订和履行进行业务指导和管理。

获得工程总承包项目中标通知书或建设单位委托书后，项目经理根据项目招标文件和投标文件等，负责起草合同文本（初稿）。

项目经理将合同文本（初稿）报工程所（分公司）审查，根据审查意见完善后形成合同文本（送审稿）。

分公司合同审查应形成合同评审会议纪要或合同评审意见表，经合同评审相关人员签字后与合同文本（送审稿）一并报送工程管理部。

工程管理部组织项目经理、工程所（分公司）、经营管理部（法律事务部）和资产财务部等相关部门进行合同评审，出具合同评审意见表。

工程管理部组织项目经理、工程所（分公司）、经营管理部（法律事务部）和资产财务部等相关部门进行合同风险评估，达成一致意见后形成会议纪要。

项目经理将合同文本（报批稿）附合同评审意见表和合同风险评估会议纪要报送公司相关部门和公司领导，履行合同审批表会签手续，形成合同文本（正式稿）。

合同文本（正式稿）经公司法定代表人授权的项目经理签字后，项目经理将合同文本（正式稿）和合同审批表报经营管理部（法律事务部），加盖公司合同专用章。

合同生效后5个工作日内，项目经理将合同正本报送资产财务部，合同副本分别报送项目部、工程所（分公司）、经营管理部（法律事务部）和工程管理部。

合同签订后，项目部编制《工程总承包项目利润预测报告》。《工程总承包项目利润预测报告》审批通过后2个工作日内，项目经理将合同文本（正式稿）附《工程总承包项目利润预测报告》报送工程管理部。

（五）项目财务管控情况

为保证项目经理负责制有效实施，项目业、财更为深入地融合。在业务的指引下，财务贯穿项目全过程，参与了项目的标前评审、量本利分析、合同评审、分包招标、日常核算、成本控制、开票交税以及例会分析等方面工作；在财务管理的规范要求下，业务人员了解预算和收入、理解成本控制和资金管理，使得项目经营成果更准确及时地体现。

在信息化未全面建成之前，财务部门建立项目手工辅助账，内容包括与业主的结算、开票、收款、收入；与分包的结算、收票、付款、成本，这套辅助表格填补了财务记账系统的缺陷，也便于及时与业务部门和外部单位核对，保证业财数据一致。

2022年公司信息化建设升级改造，年初财务系统升级NCC，9月启用全面预算管理系统和综合管理系统，将项目管理全过程纳入信息化系统，对预算管理、资金管理、成本控制、发票管理等进行贯通。项目财务管控情况具体包括以下四个方面：

一是以预算管理为先导，实施项目控制。在年度预算编制时，根据项目利润预测，结合业主要求和项目实际进展，全面分析后，合理进行项目预算编制；实施过程中加强管控，每月工程总包例会将会对比项目预算和实际差异情况，并进行简要的分析说明；年末全面分析项目预算执行情况，对执行偏差，分析产生的原因，提出相应的解决措施或建议，及时对预算进行调整。

二是加强资金管理，保证项目资金需求。注重项目资金成本管理，在项目前期，财务人员参与总包合同及分包合同、设备采购合同的评审工作，积极促进完善价款组成、争取有利于公司的结算方式、开票与进度结算匹配以及统筹考虑资金收支配比等因素，坚持"以收定支"原则进行付款。项目实施中，关注与业主的结算和合同支付条款，及时提醒收款，加强资金回笼，提高资金周转率，防范潜在风险。加强对分包工程款、设备款的拨付管理，结合工程进度核实月度资金计划，监督资金使用，除合同约定的预付款外，对于分包工程款支付，严格按照完工工作量付款。对于设备采购款的支付，根据合同的约定及设备发货、到货、现场服务等实际情况来确定付款时间和金额。对重大资金，按照公司规定实行集体决策。对小额零星支出，给予项目经理一定的权限，便于工程顺利推进。在全面预算的指引下，既保证资金正常使用，减少资金浪费，又保证资金安全，使得公司利益最大化。项目付款申请已纳入综合管理系统进行信息化管控。

三是做好成本费用管理，控制工程成本。成本费用方面可以划分为分包成本和现场费用，分包成本分为土建、安装、设备采购和调试运营。财务与费控经理和采购经理对接，定期核对结算数据、设备采购进度，确保及时取得相关发票，并注重收入成本配比。项目建设过程中按照合同约定结算和付款，并对比总包结算和分包结算，考虑利润预测，确定分包结算合理性。项目最终的分包结算，财务结合进度结算和利润情况进行审核。

四是现场费用主要是差旅费等方面，在报销时要求除了有部门领导签字外，必须有项目经理签字确认，同时财务也核对项目部人员名单，避免其他项目费用计入，保证项目费用的真实性；同时，公司对差旅费、业务招待费、安全费用等费用定额标准进行了规范，并运用于对项目成本费用支出的管控。

五是做好税收管理，防范税务风险。财务部门及时了解当地税收政策，结合合同约定和实际情况确定纳税时点，避免出现发生纳税义务未及时申报的风险；根据国家税务总局发布的《纳税人跨县（市、区）提供建筑服务增值税征收管理暂行办法》，及时到项目所在地税务机关备案，进行预交税款；在取得发票时，关注发票与结算，以及发票开具是否规范，特别是建筑业服务发票备注栏内容是否齐全；加强对外出施工证明的管理，建立登记台账，对已完成项目及时注销；在开票环节，业务人员提出开票申请，财务根据申请核实工程进度和结算情况，同时要求取得分包单位发票后方可向业主开票，避免提前多缴税款，造成资金占用，规避增值税发票虚开风险。项目发票管理已纳入H设计院综合管理信息系统。

（六）项目管理体系

（1）国家、行业管理规范制度等。执行国家标准《建设项目工程总承包管理规范》（GB/T-50358-2017）

（2）公司管理文件制度。执行公司三合一体系和工程总承包相关管理制度。

（3）项目部管理制度。项目部根据公司的管理要求，制定本项目的管理制度。

三、取得成效

（一）项目管理效果

（1）工期。根据合同要求，项目工期为360天，本项目自2019年6月27日开工建设，2020年10月底具备试车条件，实际工期延后4个月。主要原因是受新冠疫情和春节假期的影响，业主并未对此提出异议。项目主要工期节点为：

2020年4月25日，主厂房、浓缩车间、产品仓具备设备安装条件；

2020年5月15日，主厂房逐步进行溜槽及设备安装；

2020年10月31日，全部土建、安装工程施工完成；

2020年10月底完成选煤厂生产系统单机调试；

2020年11月中旬完成全厂带水带介联合调试；

2020年11月19日~11月23日带煤调试成功；

2020年12月10日，通过选煤厂组织的竣工预验收；

2020年12月19日，通过选煤厂组织的竣工验收；

2021年3月2日，移交选煤厂生产；

2021年5月28日，顺利通过联合试运转验收；

2021年8月12日，顺利通过质量认证单项验收，认证等级为优良。

（2）质量。2021年8月12日顺利通过质量认证单项验收，认证等级为优良。

（3）预算指标。

利润完成情况：项目目标利润××万元，实际完成××万元，为目标值的131.6%。超额完成公司指标。

人工成本：项目目标人工成本××万元；实际发生人工成本××万元，为目标值的83.0%。成本节约的主要原因为项目管理人员实行一人多岗，节约项目人工成本。

项目管理费：项目目标现场管理费××万元；实际发生××万元，为目标值的126.9%。管理费用增加的原因为合同工期延后。

（二）项目亮点

（1）设计管理。

一是推行限额设计，保证工程成本控制在预算限额之内。根据公司《工程总承包限额设计管理规定》，项目经理组织设计经理及各专业负责人根据公司限额设计文件，宣贯限额设计理念在工程总承包项目设计过程中落实应用。在合同开展前，对照技术协议要求，精准编制项目指导书，在满足合同要求前提下，控制设备、材料的选用，对照合同设定各专业建筑体积、管线量、管沟量、道路量等工程量限额。在设计完成后，项目经理对各专业图纸进行检查，针对质量、工程量控制重点进行把关，确保规格等级可控、工程量可控。

二是推行三维设计，利用信息化手段提高设计质量。利用三维设计、协同检查、质量管理重点提醒等方式，严格控制设计质量，解决了大量管线碰撞，预留洞孔，设计不符合合同要求等质量问题，设计图纸变更量相对以往降低了50%以上，工艺管道实现零碰撞，零新增洞孔变更。

三是创新工艺设计，保证工程技术指标。项目团队创新采用6mm干法脱粉+3mm湿法脱泥+重介浅槽分选工艺，在降低分选下限，提高入洗率的前提下，大幅降低了末煤及煤泥入洗量，降低了煤泥产率，提升了电煤产率和热值，给业主创造了可观的经济效益，得到业主的强烈肯定。

（2）实行项目经理负责制。

一是本项目实行"谁签约、谁负责"的项目经理责任制。项目经理利用公司所赋予的考核权、审批权、管理权等将项目部的生产要素有机地组织起来，力求优质、高效，最终实现项目良好的社会效益和经济效益。公司负责制定规则，包括管理制度、审批程序和监督考核。

二是项目经理权限。除对项目的日常管理权限外，公司对实行项目经理负责制的项目充分授权，包括：合同谈判由项目由项目经理牵头组织，公司授权项目经理签订总承包合同；项目部成员由项目经理选任，并对项目部成员的工作进行考核；项目成本的确认必须经过项目经理签字认可；项目款项支付必须项目经理签字同意；分包招标评标小组组长由项目经理担任，并行使否决权，授权项目经理签订项目分包合同；项目经理对设计团队的绩效有建议权；设计变更实行分级授权，项目经理在自己的权限之内可以签署设计变更。

三是实行项目独立核算，便于预算监督和项目经营成果考核。公司每个工程总承包项目都有单独的账套，一般情况下，项目资金均为专款专用；项目资金拨付和项目成本确认必须由项目经理签字；避免项目成本不合理分摊。

四是树立全面预算管理的理念，做好项目成本管控。项目利润预测表是项目预算控制的依据，在项目执行过程中必须严格执行。

确定项目招标拦标价时，项目成本在批准的项目成本之内时，项目经理可以自行决策；项目资金使用实行计划管理，严格执行收支同比例的原则。

五是完善费用定额，提高项目标准化管理水平。项目部标准化建设执行公司统一标准，费用在利润预测表中列支；项目部差旅费执行公司统一标准；项目用车成本由公司职能部门核定；项目人员基本工资执行公司标准。

8.2　量本利速算法

8.2.1　量本利工具内涵

量本利分析是业务量—成本—利润关系分析的简称，是指在变动成本计算模式的基础上，以数学化的会计模型与图示来揭示固定成本、变动成本、销售量、单价、销售额、利润等变量之间的内在规律性联系，为会计预测、决策和规划提供必要的财务信息的一种定量分析方法。目前，无论在西方还是在我国，量本利分析的应用都十分广泛。它与经营风险分析相联系，可促使企业努力降低风险；与预测技术相结合，企业可进行保本预测、确保目标利润实现的业务量预测等；与决策融为一体，企业据此进行生产决策、定价决策和投资不确定性分析；企业还可以将其应用于全面预算、成本控制和责任会计。

8.2.2　量本利关系的基本公式

营业净利润=销售收入－总成本

　　　　　=销售收入－变动成本－固定成本

　　　　　=单价×销售量－单位变动成本×销售量－固定成本

　　　　　=（单价－单位变动成本）×销售量－固定成本

量本利分析方法的数学模型是在上述公式的基础上建立起来的。详情见表8–2。

表8-2 量本利模型表（产品1） 金额单位：元

项目	金额	备注
销售单价：		
单位变动成本：		直接人工+直接材料+运费+可变制造费
直接人工		与产品生产相关的直接人工费
直接材料		产品直接材料费
运费		产成品运费
可变制造费		其他与产品产量直接相关的可变费用
单位边际贡献		销售单价-单位变动成本
固定成本：		固定职工薪酬及劳务费+折旧与摊销+房租+其他固定成本
固定职工薪酬及劳务费		院部及车间管理人员工资
折旧与摊销		房屋、机械设备折旧
房租		房屋租金
其他固定成本		
销量		
边际贡献		单位边际贡献×销量
销售收入		销售单价×销量
总成本		单位变动成本×销量+固定成本
利润		销售收入-总成本 单位边际贡献×销量-固定成本
利润率		利润/营业收入×100%
盈亏平衡销量		固定成本/单位边际贡献

8.2.3 量本利分析的数据准备工作

取得分析主体的收入情况，得到分析单品的售价、销量及销售额占主营业务收入比重；分析与产品相关的成本费用中与产品产量直接相关的成本费用，如材料成本、直接人工等；由上述费用计算得出该产品单位产量材料成本、直接人工等；把与产品产量不直接相关的成本费用，按照该产品销售额占总销售额比重分摊，作为该产品的固定成本。

8.2.4 量本利分析方法的基本假定

（1）成本性态分析的假定。假定成本性态分析工作已经完成，全部成本已经被区分为变动成本与固定成本两部分，有关的成本性态模型已经建立起来。

（2）相关范围及线性假定。假定在一定时期内，业务量总是在保持成本水平和单价水平不变所能允许的范畴内变化的，于是固定成本总额的不变性和变动成本单位额的不变性在相关范围内能够得以保证；假定在一定时期和一定业务量范围内，成本与销售收入分别表现为一条直线。

（3）产销平衡和品种结构稳定的假定。假定在只安排一种产品生产的条件下，生产出来的产品总是可以找到市场，可以实现产销平衡；对于多产品生产的企业，原来的各种产品所占的比重并不发生变化。

（4）变动成本法的假定。假定产品成本是按变动成本法计算的，即产品成本中只包括变动生产成本，而所有的固定成本均作为期间成本处理。

（5）目标利润的假定。即目标利润是指营业净利润。规定了上述假定，就可以十分便利地用简单的数学模型或图形来揭示成本、业务量和利润等诸因素之间联系的规律性，也为在实际工作中应用量本利分析方法指出了努力方向。

8.2.5　构建量本利模型

（1）根据会计科目设置，结合实际情况，包括各种产品的销售价格、销量，及其在主营业务收入中的占比情况，确定单项产品分摊的固定成本。

（2）在收入分类的基础上，选取一个或若干个销售单品作为代表，对其直接材料成本及其运费进行详细拆分。

（3）在确定其主要的可变成本后，确定单位人工费用和可变制造费用。

（4）根据上述公式计算单品盈亏平衡销量。

（5）绘制量本利分析图。

 案例3：M研究院以下属某分院某单品销售业务为基础的单品量本利模型

一、案例概述

M研究院下属K分院成立于2013年1月，专业从事矿用难燃材料、井下高分子加固充填材料、环保新材料的研发、生产和销售等工作。

二、主要做法

1.K分院的主要财务数据

根据K分院的会计科目设置，结合K分院的实际情况，根据调研得到的某年销售情况，包括各种产品的销售价格、销量，及其在主营业务收入中的占比情况，确定其分摊的固定成本（见表8-3）。

表8-3   收入情况

营业收入类型	详细分类	销售吨数	平均单价（元）	营业收入（万元）
产品销售收入	产品1	10000	8000	8000
	产品2	2700	13000	3510
	产品3	2500	7500	1875
	产品4	6000	8000	4800
	产品5	8000	8500	6800
	产品6	300	14000	420
	产品7	80	11000	88
技术服务收入	—	—	—	107
营业收入合计				25600

在收入分类的基础上，选取一个销售单品作为代表，对其直接材料成本进行详细拆分（见表8-4、表8-5）。

表8-4   产品1直接材料成本明细   金额单位：元

序号	直接材料	使用量（吨）	单价	成本
1	材料1	0.052	13500	702
2	材料2	0.04	6600	264
3	材料3	0.01	13000	130
4	材料4	0.02	17000	340
5	材料5	0.01	14000	140
6	材料6	0.08	4330	346.4
7	材料7	0.05	9380	469
8	材料8	0.05	9900	495
9	材料9	0.18	4800	864
10	材料10	0.0001	36000	3.6
11	材料11	0.0005	28000	14

续表

序号	直接材料	使用量（吨）	单价	成本
12	材料12	0.0004	80000	32
13	其他辅材	1	50	50
14	包装桶	5	130	650
总成本				**4500**

表8-5　　　　　　　　　　　　　产品2直接材料成本明细　　　　　　　　金额单位：元

序号	直接材料	使用量（吨）	单价	成本
1	材料1	0.54	3200	1728
2	材料2	0.01	6000	60
3	材料3	0.003	120000	360
4	材料4	0.31	18000	5580
5	材料5	0.11	7000	770
6	材料6	0.026	12000	312
7	其他辅材	1	50	50
8	包装桶	40	20	800
总成本				**9660**

在确定其主要的可变成本后，确定吨人工费用、运费及可变制造费用（见表8-6、表8-7）。

表8-6　　　　　　　　　　　　　单位变动成本明细　　　　　　　　　　金额单位：元

成本项目	产品1	产品2
单位变动成本：	5571	10731
直接人工	250	250
直接材料	4500	9660
运费	600	600
可变制造费	221	221

最后，确定K分院的固定成本，并按照产品1和产品2的销售额占比分摊其固定成本（见表8-7）。

表8-7　　　　　　　　　　固定成本明细　　　　　　　　金额单位：万元

固定成本项目	产品1	产品2
固定成本：	1459.2	640
固定职工薪酬及劳务费	1014.6	445
折旧与摊销	34.2	15
房租	136.8	60
其他固定成本	273.6	120

2. K分院产品1和产品2量本利模型（见表8-8、图8-4、图8-5）

表8-8　　　　　　　　　　产品1和产品2量本利分析

计算指标	产品1	产品2
销售单价（元）	8000	13000
单位变动成本（元）	5571	10731
直接人工	250	250
直接材料	4500	9660
运费	600	600
可变制造费	221	221
单位边际贡献（元）	2429	2269
固定成本（万元）	1459.2	640
固定职工薪酬及劳务费	1014.6	445
折旧与摊销	34.2	15
房租	136.8	60
其他固定成本	273.6	120
销量	10000	2700
边际贡献（万元）	2429	612.63
销售收入（万元）	8000	3510
总成本（万元）	7030	3537.37
利润（万元）	969.8	−27.37

计算指标	产品1	产品2
利润率（%）	12.12%	−0.78%
盈亏平衡销量	6007.41	2820.63

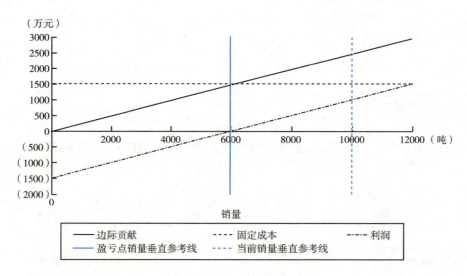

图8-4　产品1量本利分析

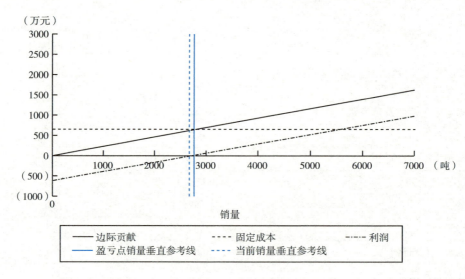

图8-5　产品2量本利分析

3. K分院量本利模型的结论以及分析

由模型可以得出：产品1的盈亏平衡销量是：6007.41吨；产品2的盈亏平衡销量是：2820.63吨。

在产品1的变动成本中，材料费占比例最高，对整个成本的影响较大，但由于制作所需材料种类较多，单一材料的成本对利润会产生影响，但造成的影响有限。

由表8-9可以看出该产品随着材料1成本的提高，利润会有所下降，但并不是十分明显。

表8-9　　　　　　　　　**产品1材料单价—销量—利润敏感性分析**

利润（万元）		销量（吨）				
		10000	**11000**	**12000**	**13000**	**14000**
材料1单价（元）	13000	995.8	1241.3	1486.8	1732.3	1977.8
	14000	943.8	1184.1	1424.4	1664.7	1905.0
	15000	891.8	1126.9	1362.0	1597.1	1832.2
	16000	839.8	1069.7	1299.6	1529.5	1759.4
	17000	787.8	1012.5	1237.2	1461.9	1686.6
	18000	735.8	955.3	1174.8	1394.3	1613.8
	19000	683.8	898.1	1112.4	1326.7	1541.0
	20000	631.8	840.9	1050.0	1259.1	1468.2

利润对销量和售价的敏感性分析（见表8-10）。

表8-10　　　　　　　　　**产品2销售价格—销量—利润敏感性分析**

利润（万元）		销量（吨）				
		2800	**3000**	**3200**	**3400**	**3600**
销售单价（元）	11000.00	−564.68	−559.3	−553.92	−548.54	−543.16
	12000.00	−284.68	−259.3	−233.92	−208.54	−183.16

续表

利润（万元）		销量（吨）				
		2800	3000	3200	3400	3600
销售单价（元）	13000.00	−4.68	40.7	86.08	131.46	176.84
	14000.00	275.32	340.7	406.08	471.46	536.84
	15000.00	555.32	640.7	726.08	811.46	896.84
	16000.00	835.32	940.7	1046.08	1151.46	1256.84
	17000.00	1115.32	1240.7	1366.08	1491.46	1616.84
	18000.00	1395.32	1540.7	1686.08	1831.46	1976.84

结论：由表8-10可知，由于材料2可变动成本过高，在销售单价低于13000元时，即便销量增加，依然无法盈利。

如果客户对单个产品的使用粘性较大且对价格相对不敏感，那么定价的提高对利润的贡献非常大，且基于目前的成本，必须提高售价方产生利润。

对比产品1与产品2的利润额可以得到：毛利率对利润的影响非常巨大，若想创造更大的利润，可从降低可变成本和提高毛利率着手。

三、取得的成效

（1）K分院对产品成本进行了明细拆分和分析，对未来材料成本波动对整体成本影响可以进行相对精确的预测。为K分院混改时评估项目成本等工作提供了数据支撑。

（2）能从各方面进行敏感性分析，对于产品定价起到了指导作用。运用量本利分析，在某年原材料成本大幅提高时，指导材料分院及时提高产品售价，调整销售策略，将成本增加带来的利润缺口转移给客户，K分院当年收入利润受原材料大幅增长影响得到分解，实现营业收入与利润的平稳增长。

案例4：D研究院量本利速算法

一、案例概述

量本利速算是根据业务量、成本预测利润的计算方法。D研究院项目量本利速算以单个具体项目出发，以历史数据为参考，对每个类型项目的产品构成、成本计量、工程服务等制定相应的标准，从而分析预测项目大致的利润情况。D研究院量本利速算主要分为标准包设置、标准服务工期、工程人工定额、差旅定额及安装费定额等。

二、具体做法

（一）标准包设置

D研究院采用了标准包设置，即对主要产品/系统进行分别标准包设置。标准包设置原则主要以系统配置关键影响因素源为依据，比如监控系统以分站数量不同将系统分为小型包，中型包和大型包；人员定位系统以不同的分站和接收器数量将系统分为小型包，中型包和大型包；通信系统以不同的覆盖半径分为小型包，中型包和大型包；皮带集控系统按皮带长度不同将系统分为小型包，中型包和大型包；排水自动化系统、瓦斯抽放系统均按泵房标准配置以泵房为单位进行标准包设计等。标准包还根据不同销售区域、客户需求、矿区规模等有差异，标准包中每个设备的价格取不同区域的历史平均售价，设备成本为财务标准成本。

标准包是合同的基础，合同一般由单个或多个标准包组合而成，在确定了标准包配置之后，就可以根据标准包的清单测定合同金额、标准成本等。

（二）标准服务工期

标准服务工期基于标准包配置情况、合同金额、项目难度等，结合历史经验设置，用以确定项目服务所需的时间。

针对不同标准包，设定基数标准工期，再根据合同大小及工作量的安排，确定相应的服务工期。

（三）工程人工定额

工程人工定额，即工程服务费用定额，主要根据项目安装难度及项目大小设置。

对不同安装包设置项目性质系数，量化指导及安装工作，并设置基础分，再结合项目难度系数，安排不同水平工作人员（通过岗级划分）参与项目，确保项目按计划完成。

（四）其他定额

针对全国各销售公司设置各地交通系数，制定工程差旅费定额，结合人数、服务次数等信息测算服务所需差旅费用。

根据各地区工程安装的历史数据，设置工程安装费定额。

三、总结

D研究院项目量本利速算表的核心一方面在于标准包的设置，将合同预测分解为具体的产品；另一方面在于充分使用定额管理，将各个环节产生的成本费用进行量化，从而实现对项目毛利的测算。

8.3　定额管理

8.3.1　生产定额

定额是生产经营活动中，对人力、物力、财力的配套、利用、消耗以及获得的成果等方面所应遵循的标准和应达到的水平。定额管理是指利用定额合理和使用人力、物力、财力的一种管理办法。

编制生产定额的意义：（1）公司编制排产计划、合理组织生产的依据。（2）实行经济核算、计算成本的重要依据之一。（3）调动生产工人工作积极性，提高劳动生产率。（4）衡量员工劳动贡献率的标准。

 案例5：E公司生产定额工具运用

一、案例概述

为确保公司成本管理体系的正确性、完整性和安全性，形成科学、实用、规范、特色的生产定额管理办法。现结合E公司现状与自身特点，围绕集团公司全面预算管理体系建设总目标、总要求与试点任务分解内容，开展工作流程梳理、问题短板分析、制度体系再完善工作，结果导向，细化落实，全面推进成本精细化管理。

二、具体做法

生产定额的组成部分如图8-6所示。

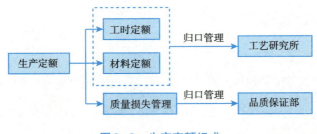

图8-6　生产定额组成

1.工时定额

（1）工时定额的定义。指在一定的生产技术条件下，完成单位产品所规定的必要劳动时间的消耗标准或在单位时间内生产合格产品数量的标准。

（2）工时定额的编制原则。工时定额的制定遵循在正常的生产技术组织条件下，大多数员工经过努力可以达到，部分先进员工可以超过。

①每个工作日制度工时8小时，综合设备劳动强度并去除辅助时间，每个工作日有效工作时间应达到6~7小时。

②按产品零部件种类、型号、规格、工序划分模块编制标准工时（即标准工时模块），编制方法主要采用统计分析、类推比较法，并以现场写实、技术测定进行准确性验证。

③综合考虑技术要求和加工过程技术含量等因素，结合相应的标准工时，保持定额水平的相对一致，避免定额制定过程中的主观随意性；新产品首次试制，可根据难易程度按一定比例增补。

（3）工时定额的编制流程和部门职责（见图8-7、表8-11）。

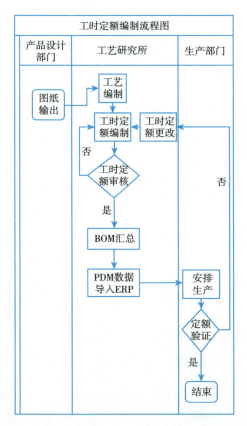
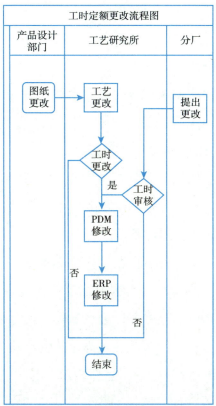

图8-7 工时定额编制、更改流程

表8-11 工时定额部门职责

部门	职责
技术部门	负责产品BOM编制、工时定额的制定、审批、验证、调整、修改等管理工作
各生产单位	负责生产记录、工时统计,对生产过程中工时验证差异较大情况及时反馈
计划生产部	负责入库工时的结算、开具返修施工单,从责任单位扣除返修零部件的附加工时
资产财务部	依据ERP工时数据,核算零部件制造成本;负责外协返修零部件附加工时的费用
企业管理部	根据工时定额调整数据及分析报告,年度修订分厂相应的工时考核制度和奖金的计算

（4）工时定额的验证。

①工时定额员根据实际需要进行工作日写时、工时测定、检查工作小票等工作验证。

②从ERP系统中提取生产记录完工明细的基础数据，对验证对象（产品零部件）的工时利用情况及定额水平进行理论分析验证。

（5）工时定额的调整。

①根据公司发展战略要求，管理手段提升、工时水平下降时，需要统一调整。

②产品图纸整改、工艺整改，设备或工艺装备改变，原材料、毛坯规格改变，工时验证不合理时均需要调整。

③采用发明创造、技术革新、合理化建议提高了生产效率的，为鼓励个人、新技术应用之日起原工时定额可保留半年不变。

④对于公司新增设备，其生产效率与同类设备相比明显提高的，从投产之日起试运行3个月后重新核定工时。

（6）临时工时的制定。

①作为入库结算的非产品工时，如工装、刀具、技改、试制、工艺试验等采取临时工时处置，但需提供有效凭证，作为临时工时的申请依据。

②因生产急需临时调整工艺路线的零部件，使用不同设备造成的亏工部分，用临时工时予以补贴。

③设备出厂验收时用户提出的整改要求，发生的工时经检查确认后给予补贴。

④每月申请临时工时，要有明确的数据：零部件名称和图号、件数、作业时间等信息，经公司工时定额人员审批后方可生效。

（7）工时定额的跟踪分析。工艺研究所每月对各单位工时进行统计汇总，每季度分析一次；每半年召开一次由相关人员参加的工时定额专题会议，解决工时定额执行过程中存在的问题；每年对各生产单位工时情况及定额水平进行统计分析，为下一年生产指标测定提供数据。

2.材料定额

（1）材料定额的定义。

在节约和合理使用材料的条件下，生产合格产品所需要消耗材料数量标准，包括材料的使用量和必要的工艺性损耗及废料数量。

（2）制定材料定额的目的。组织材料的正常供应，保证生产顺利进行；合理利用资源、减少积压、浪费；监控物资消耗，降低物耗和成本。

（3）材料定额编制流程和部门职责（见图8-8、表8-12）。

①依靠软件自动套料计算，局部人工调整。

②材料类型和下料方式变化时，及时调整计算参数。

③利用率达到90%以上为合理，当材料利用率小于85%以下时，应分析原因，及时改进。

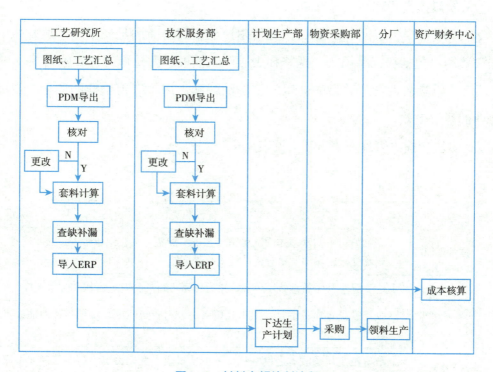

图8-8　材料定额编制流程

表8-12 材料定额编制部门职责

部门	职责
技术部门	负责产品材料定额的制定、审批、验证、调整、修改等管理工作
各生产单位	负责领料生产，定额统计，对生产过程中差异较大情况及时反馈
计划生产部	负责生成生产工单
物资贸易公司	材料采购，材料核销
技术服务部	负责临时产品，工艺装备的材料定额编制及管理

（4）材料定额的维护（见图8-9）。

图8-9 材料定额维护流程

3.质量损失管理

（1）质量损失定义。产品在未交付用户前，因不能满足质量要求所发生的损失费用。包括：废品损失、返修损失、停工损失、内外审纠正实施费等。

（2）质量损失管理的目的：以较少的消耗和占用，取得最佳的质量，提高企业的经济效益。

（3）质量损失管理职责分工（见表8-13）。

表8-13 质量损失部门管理职责

部门	管理职责
技术部门	完善公司工艺管理体系，组织工艺技术准备，工艺纪律检查、技术服务、问题处置，参加质量分析，提出改进措施
品质管理部	建立健全公司质量管理体系，进行体系运行的督查、考核和测量工作
	收集、处置质量信息，组织分析解决公司质量问题；定期统计内部故障成本
资产财务部	负责制定质量成本制度和统计分析质量成本变化情况；按期编制质量成本报表

续表

部门	管理职责
各生产单位	完善本单位质量管理制度，负责过程质量管理、成本控制、改进策划与监督实施等
	定期实施本单位的质量损失情况统计汇总分析、改进，针对本单位发生的废品、不合格品、内外审问题，进行原因分析与措施制定

（4）质量损失统计。为加强内部质量损失的管理工作，落实质量损失的责任部门。依据公司各单位5年的月度不合格品率实测平均值，上浮5%~10%为不合格品、废品作为考核指标，促使责任部门提高工作质量，减少质量损失。

（5）质量损失管理程序。从质量管理体系运行过程、管理过程、支持过程识别出质量损失，主要有废品损失费、返工（修）损失费、停工损失费、纠正措施费等。

（6）质量损失数据统计与收集。

①废品损失费、返工（修）损失费。基于质检部门开具的不合格票据，各生产单位、外协、外购等部门负责统计生产过程中的质量损失，定期完成质量损失统计报表。

②停工损失费。各生产单位负责统计本单位因质量问题停工的损失（停工时间×小时费率）。

③纠正措施费。各单位统计在质量内外审后，实施纠正措施所发生的费用，定期将统计报表报送品质管理部、资产财务部。

三、取得的成效

（1）有利地控制了成本费用的增加，为公司增加效益。通过严格执行成本管理制度，每年各单位成本费用都比计划下降，使公司效益不断增加。

（2）为公司招投标提供价格测算依据。通过测算实际成本和基本价格，为销售部门提供价格基础数据、成本情况、利润情况、保本价格，使公司在招标中能够及时决策，提供了基本数据，根据市场价格变化情况及时调整销售价格，有利于提高市场竞争力。

（3）为公司领导决策提供数据。根据成本发生情况，定期分析经营情况和指标完成情况，分析成本升降的原因，为公司领导决策、加强经营管理及时提供数据。

（4）为编制下一年度预算提供相关数据。通过本年成本数据的整理，对一些发生的项目内容进行分析，实际发生与预算的对比，为下一年度编制准确预算提供了主要数据。

（5）为不断改进公司成本管理提供相关资料。通过成本管理分析，在工作中能够发现不足问题，不断地在工作中修订完善成本管理。

8.3.2　工程定额

 案例6：F设计院工程定额管理案例

一、基本情况

国内工程总承包项目基本都是从初步设计阶段开始进行的；在投标阶段都是概算指标，而不是工程量清单指标；总承包项目具有单一性、特殊性，各单位工程不是标准产品；不能简单地套用行业概算定额指标，因为行业概算定额指标没有实现量价分离，不能进行动态调整，也不能反映企业生产力水平。因此，编制以工程量清单为基础的概算定额作为企业工程定额尤为必要。

二、具体做法

选定已完工程结算的建设项目，比如：宁夏地区××选煤厂。要求：工程内容全、类型全、工艺全、竣工资料全、单项工程（单位工程、分部工程）范围界定清楚、便于建模、内容清晰、工程特征具有代表性并描述清楚。按图8-10分解。

（1）参照已建工程构建工程模型。参照已建工程构建工程模型，要求所构建的工程模型的工程内容全、工艺全、范围界定清楚，据实建模。

（2）将工程模型分解形成工程量清单。按照工程项目工程内容分解，逐级分解，清单分别与单项工程、单位工程、分部工程、分项工程相匹配。

（3）对应分解得到的清单设置指标项。按照单位工程分解得到三级清单分别设置指标项目，逐级分解然后组价，分项工程、分部工程、单位工程综合指标。

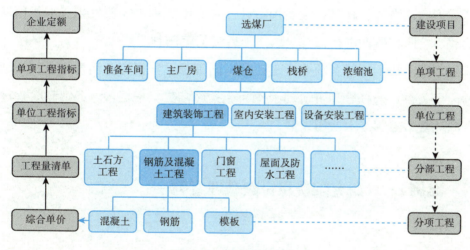

图8-10 编制框架构思

三、取得的成效

工程定额是编制投标标价的依据，防止盲目报价，提高企业竞标和抗风险能力；是成本预算的依据，是成本管控的抓手；是限额设计的基础依据；当设计超出工程定额的工程量时，及时查找问题和提出解决措施，达到成本管控的事前控制和事中检查，也是精细化设计的基础依据；工程量指标作为内部检查、评估设计经济合理性的工具；在满足业主工期的情况下，施工图未出情况下开展施工分包，是编制分包招标工程量清单和拦标价的依据。

8.3.3　费用定额

费用定额就是要核定各项费用的单位价格，让费用管理由粗放到集约，实现管理费用精细化、管理指标科学化、管理步骤流程化。

费用习性：企业运营过程中必然会产生成本费用，而不同费用与公司运营过程中的业务量关联程度存在差异，部分费用如办公场地租金等是刚性的，部分费用如燃料动力费等，是与业务量存在正比关系的，根据企业的经营目标和经营管理活动特征，梳理各项费用习性，在其中甄别出需要发生成本费用支出的活动，按照相似性进行归类，以便于后续的定额制定。

业务量参数：针对各项业务消耗的不同资源，分析资源消耗与业务活动之间的因果关系，选择合理资源动因作为业务量参数。根据各业务活动管理现状和资源耗费，编制成本费用定额。

 案例7：G研究院费用定额管理案例

一、基本情况

在完善管理会计体系、提升精细化管理水平的背景下，G研究院降本增效管理过程中，对科研费用的管理主要以定额管控为手段，将成本费用定额体系应用到预算编制中。通过细化费用构成，分析费用习性，区分刚性成本和弹性成本并合理分配业务量参数，科学设计费用管理机制，严格库存管理、采购管理和物资管理，建立节约浪费相关的奖惩机制，调动员工降本增效积极性，进而有效把控费用发生。

二、具体做法

（一）确定编制方案

1.确定编制原则

（1）依法合规原则：编制过程符合国家和集团公司法规、制度的要求，符合企业现行的经济管理体制和管理办法。

（2）公平公正原则：秉承公平、公正理念，合理确定定额消耗量和费率。

（3）量价分离原则：消耗量与价格分离，便于后期定额（价格）的调整和动态管理。

（4）简明适用原则：定额（价格）的内容和形式简单明了，易于贯彻执行。

2.确定编制依据

（1）历史相关数据，包括本企业相关业务历史财务数据，以及同行业其他企业相关历史数据。

（2）国家、行业相关制度标准，以及企业相关制度约束。

（3）业务实际发展需要。

3.确定编制内容

根据单位业务发展需求，确定编制内容。如根据科研任务发展要求，将科研经费定额作为当前编制主要内容。对于生产类业务，则可以将生产系统节点精细化管理作为成本定额编制的切入点、着力点，建立系统节点体系，从而为动因分解和定额编制奠定基础。

4.确定编制方法

编制主要采用现场写实法、理论计算法、统计分析法、专家经验法等多种方法。确保定额编制合规务实，能够真正帮助企业提升管理效率。

5.做好实施应用工作

首先要及时宣贯实施，为定额使用奠定基础。其次要认真开展培训，为定额的应用指导服务。再次要以定额为参考进行成本预算编制，将定额成果落实到财务预算指标。最后要制定管理办法，为定额的实施提供保障。

（二）具体编制过程

1.梳理费用构成

经过梳理，科研费用的构成主要包括：人员人工费、燃料动力费及水电费、房屋使用费、供暖费、差旅费、国际合作与交流费、会议费、出版、文献、信息传播、知识产权事务费、专家咨询费。

2.区分费用习性

上述费用中，房屋使用费、供暖费属于不随业务量发生变化的费用，因此归类为刚性费用。其余费用则归类为弹性费用。

对刚性费用，按照协议价格确定其预算指标。根据与××单位签订的房租合同：办公楼4.4元/平方米/天（含物业费1.2元）；实验室、平房及地下室2.3元/平方米/天（含物业费0.7元）。对于供暖费，高度＜4米单价45元/平方米，高度＞4米单价71.55元/平方米。

对于弹性费用，需要找出各项费用预算定额的主要影响因素，据此核定业务量参数，作为费用定额的核算依据。如对于燃料动力费及水电费：按照科研项目需使用的各实验设备的功率×使用时间×费用定额标准预算。水费：9.5元/吨，电费：1.1元/度，92号汽油：7.5元/升，95号汽油：7.85元/升，98号汽油：8.83元/升，柴油：7.12元/升（汽油柴油按照官方油价预算）。

3.核定业务量参数

对每类具体的费用管理节点，按照管控关键环节细化业务步骤，明确节点优化措施，通过成本与业务节点的梳理分解，便于找出成本动因，量化业务、费用指标。在理清系统节点的基础上，按照具体业务流程，对应节点成本要素，逐项剖解成本动因，分类编制费用定额，构建"节点属性→业务动因→费用要素"的费用动因体系。如对于差旅补助，立足内部管理，参照实际测算数据建立定额计算公式模型，以出差天数作为差旅费的业务量参数。

4.确定费用定额

（1）首先根据相关制度标准和以往经验，基于企业已有历史数据，对具体项目的消耗数据进行统计、汇总、归类、分析，最终形成定额消耗量数据。

如对于国际合作与交流费，根据《××公司外事工作管理制度》，团组在国外停留时间应在确保项目顺利实施的原则上尽可能缩短，一个国家按5~8天安排，2个国家控制在10天以内。而住宿费标准则根据《财政部、外交部关于调整因公临时出国住宿标准等有关事项的通知》编制预算。

（2）组织资产财务部、科技发展部和业务部门科研人员开展集中编制工作，通过进行现场写实以及专题讨论，确定了各项目人、材、机的定额消耗量和测算价格。

如对于差旅费的核定，制定差异化的交通工具乘坐标准。

再如对待会议费，按照会议的级别划分四个级次，然后综合确定定额标准。其中，一类会议。是以党中央和国务院名义召开的，要求省、自治区、直辖市、计划单列市或中央部门负责同志参加的会议。二类会议。是党中央和国务院各部委、各直属机构，最高人民法院，最高人民检察院，各人民团体召开的，要求省、自治区、直辖市、计划单列市有关厅（局）或本系统、直属机构负责同志参加的会议。三类会议。是党中央和国务院各部委、各直属机构，最高人民法院，最高人民检察院，各人民团体及其所属内设机构召开的，要求省、自治区、直辖市、计划单列市有关厅（局）或本系统机构有关人员参加的会议。四类会议。是指除上述一、二、三类会议以外的其他业务性会议，包括小型研讨会、座谈会、评审会等。

5.结合预算编制

预算管理是公司费用控制的核心手段，也是费用定额体系应用的最终目标，合理的费用定额保障了预算的科学性。预算编制的主要思路是以损益表作为编制预算的主导，将损益表上的项目进行层层分解，直到和管理部门和业务单位的具体管理活动和业务活动相联系；以管理活动和业务活动为基础编制预算，再经过层层汇总，对应到损益表上的具体项目。这种编制方法是以管理活动和业务活动为核心，将预算编制和管理活动和业务活动密切结合，将预算编制活动用管理部门和业务部门熟悉的语言表达出来，预算编制不再是财务部门一家的事情，管理部门和业务管理部门以及基层单位都参与到预算编制活动中，真正实现了全面预算管理。

三、取得成效

（一）促进业财融合

在明确管控责任的基础上，将指标横向下达给业务部门，纵向下达给所属单位，便于业务部门利用预算数据对所属单位进行管控，在预算核定环节，由原来财务资产处主导，转变为财务资产处牵头组织，业务部门主导，业务部门作用日益突出。预算执行情况分析环节，由原来的财务部门负责预算执行情况分析，转变为财务部门进行总体情况分析、业务部门按分管业务进行分析。预算考核环节，由原来的纵向考核，转变为对横向业务部门和纵向所属单位的双重考核。

（二）提升公司精细化管理水平

构建费用定额管理体系，有利于对公司资源进行有效、合理、科学的整合和利用。在费用定额管理体系探索过程中，不仅可以厘清公司现有的资源，而且可以依据自身实际情况进行资源的再分配，使公司资源在符合公司高质量发展的方向上得以充分利用，实现降低公司成本的战略目标，提升公司精细化管理水平。同时，构建费用预算定额体系的过程也是对业务活动流程进行科学梳理并找出最优流程的过程。

8.3.4　成本定额

成本定额工具是企业在正常生产条件下，根据产品的设计、生产工艺和市场需求等因素，通过制定和实施成本定额，对生产过程中的各项资源进行合理配置和有效控制的工具。成本定额具有以下特点。

计划性：成本定额工具基于事先制定的成本计划，对生产过程中的各项资源消耗进行预测和安排，确保生产活动的有序进行。

控制性：成本定额工具为成本控制提供了考核标准和依据，通过对实际消耗与定额的比较分析，及时发现问题并采取措施加以纠正。

优化性：成本定额工具有助于企业优化资源配置，提高资源利用效率，降低生产成本。

 案例8：H生产企业成本定额管理工具的运用

一、成本定额的具体做法

（一）制定成本定额

制定成本定额是成本定额工具在企业中运用的第一步。企业需要根据产品的设计、生产工艺和市场需求等因素，对生产过程中的各项资源消耗进行预测和计算，确定合理的成本定额。在制定成本定额时，企业需要考虑以下因素：原材料价格和供应情况、人工成本和劳动效率、机器设备折旧和维护费用、能源消耗和环保要求。通过综合考虑以上因素，制定出符合实际情况的成本定额，为后续的成本控制提供依据。

（二）实施成本定额

实施成本定额是成本定额工具在企业中运用的关键步骤。企业需要将制定的成本定额分解到各个生产环节和部门，明确责任和任务，确保成本定额的有效执行。在实施成本定额时，企业需要注意以下几点。

组织健全：企业需要建立健全的组织结构来确保成本定额的有效实施。这包括明确各部门的职责和权限，建立跨部门协调机制，确保成本定额的顺利执行。

实施信息化：采用信息化手段可以大大提高成本定额管理的效率和准确性。企业需要引入先进的信息技术，建立成本管理信息系统，实现成本数据的实时收集、成本信息的共享，让相关部门和员工能够及时了解成本定额的执行情况，为成本定额的执行提供有力支持。确保信息系统具有良好的扩展性和兼容性，能够与企业其他管理系统（如财务系统）有效对接。

加强宣传教育：提高员工对成本定额的认识和重视程度，形成全员参与成本控制的良好氛围。

建立健全制度：制定完善的成本管理制度和内部控制机制，确保成本定额的有效执行和监控。

强化考核激励：建立成本考核体系，对各部门和员工的成本控制情况进行考核和激励，促进成本降低和效益提高。

（三）监控和分析成本定额执行情况

监控和分析成本定额执行情况是成本定额工具在企业中运用的重要环节。企业需要对生产过程中的各项资源消耗进行监控和分析，及时发现成本超支或浪费的问题，并采取措施加以纠正。在监控和分析成本定额执行情况时，企业需要注意以下几点。

建立数据收集系统：对生产过程中的各项资源消耗数据进行收集和分析，确保数据的准确性和完整性。

定期分析评估：对成本定额的执行情况进行析评估，找出问题所在并制定相应的改进措施。

持续改进优化：根据分析评估结果对成本定额进行持续改进和优化，以适应市场变化和企业发展需求。

（四）案例

H公司成本定额的具体做法：

1.明确总体目标

结合公司管理基础和定额管理要求，提出成本定额管理目标：建立全过程成本定额管理机制，夯实全面预算管理基础；通过成本定额管理，加强对生产活动的监督，管控企业成本，实现降本增效；支撑未来成本核算、成本分析、成本管控，支撑经营决策。

2.建立管理框架

基于零件生产型企业全面预算管理要求和企业实际需求建立成本定额管理框架，如表8-14所示。

表8-14　　　　　　　　　　　成本定额管理框架

支撑体系	组织架构、成本管理机制、成本定额管理控制要素、定额成本、信息化系统
成本核算	定额成本核算、实际成本核算
成本分析控制	成本分析、成本管控、成本定额绩效考核
成本决策应用	销售报价、盈利分析、经营决策

3.制定成本定额

（1）量价模型建立。明确公司产品成本构成，建立量价模型。详情见图8-11。

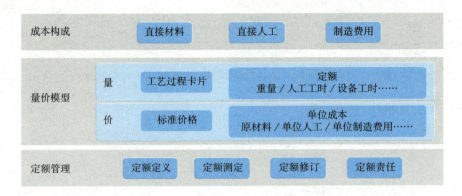

图8-11 成本定额量价模型建立流程

（2）材料定额工作开展方式。

材料定额（量）——确定材料重量

由技术工艺部根据设计图纸和工艺要求确定产品的材料消耗定额。以机械加工工艺过程卡确认的重量为量的依据。

材料定额（价）——确定采购价格

公司各类产品涉及的毛坯材料为铸钢件、锻件以及焊接件。以招投标等方式确认毛坯采购单价，建立大宗材料价格体系，以大宗材料价格体系表为价的依据。

（3）工时定额工作开展方式。

工时定额（量）——确定工时单耗

技术工艺部产品机械加工工艺卡中明确了工序步骤、所需设备以及定额工时。以机械加工工艺过程卡确认的工时为量的依据。

定额工时：即标准作业条件下，中等熟练作业人员按正确的工艺以正常的努力完成一道工序所需的时间。

定额工时制定方法：

定额工时=实测工时①×宽放率②

①实测工时=多次实测测量工时的加权平均值

②宽放率=宽放时间/规定工作时间×100%；宽放时间含管理宽放时间、生理疲劳时间、疲劳宽放时间。

宽放率通常取12%~20%，不同的工序，宽放率是不一样的。

工时定额（价）——确定工时单价

由综合管理办公室核定单位人工工时单价。

工时单价（人工费单价）=年均总人工成本/年均总工时。

统计近5年内人工工资、福利费等支出总额，按照5年内产出总工时转换为工时单价。

（4）费用定额工作开展方式。技术工艺部在建立起覆盖全品类的机械加工工艺卡的基础上，结合长期统计数据，根据企业自身生产条件、设备状况、劳动水平建立标准单价指导表。

由机加工表中定额折旧费、电费、物料消耗三者合计得出。

①折旧费=设备月折旧/每月开机天数/每日开机时间

②电费=设备功率 × 单位小时电价

③物料消耗单价=月总消耗 × 分配率/每月开机天数/每日开机时间

按照高价值设备承担高的物料消耗费用，低价值设备承担低的物料消耗费用，根据直接成本比例法，分摊至各类设备。

（5）定额成本计算。

公式勾稽关系如下：

产品定额成本=材料定额①+人工定额②+费用定额③

①材料定额=材料定额（量）× 材料定额（价）

②人工定额=工时定额（量）× 人工工时定额（价）

③费用定额=工时定额（量）× 费用定额（价）

4.实施成本定额

（1）组织健全。设立成本定额小组，公司全面预算管理小组负责成本定额管理，总经理任组长，副总经理及财务部长任副组长，各部门主管任组员。

小组的职责：编制本单位预算，分解、落实到各环节、各部门；严格执行预算，监督检查预算执行情况；及时分析报告预算执行情况，解决执行中的问题；根据内外部换机变化，提出预算调整申请；组织实施预算考核和奖惩工作。

（2）实施信息化。不断进行信息系统升级，引入新的D365 ERP系统作为成本核算信息化平台。ERP包括销售管理、采购管理、委外管理、库存管理、存货核算等管理功能，实现生产、采购、销售的全流程管理。在业务与财务系统中实现全面集成与贯通，使业务流程与财务数据能够无缝连接和共享。

（3）加强宣传教育。通过精益宣传、精益成本推进等方式提高员工对成本定额的认识和重视程度，形成了全员参与成本控制的良好氛围。

（4）建立健全制度。在公司各部门现有制度的基础上，以成本为中心，梳理公司涉及成本管理相关的制度。

制定了成本定额的各项明细制度，确保成本定额的有效执行和监控。

（5）强化激励考核。设立降本指标，建立考核体系。对各部门的成本控制情况进行考核和激励，促进成本降低和效益提高。

5.监控和分析成本定额执行情况

定期或不定期分析定额成本与实际成本之间的差异：

例：以Z齿轮为例，进行定额成本与实际成本的核算：

材料牌号：18Cr2Ni4WA　　　　毛坯重量：约175千克

毛坯采购指导价：约20元/千克

工艺流程：锻造—正火—粗车—钻—探伤—去应力—精车—滚齿—钳工—渗碳—三切碳—热—倒角—平磨—倒角—磨齿—探伤—插花键—钳工—喷丸—检验—入库

（1）定额成本计算。

材料费（定额）①=175千克×20元/千克=3500元

根据《标准单价（费用+工时）指导表》计算产品实际定额成本如下：

人工定额②=$\sum$各工序工时定额（量）×工时定额（价）=约500元

费用定额③=$\sum$各工序工时定额（量）×费用定额（价）=约1500元

产品定额成本=材料定额①+人工定额②+费用定额③=3500+1500+500=5500元

（2）实际成本计算。

在D365系统中以某工单号为例：人工成本及制造费用分摊按产品工序完工数量的理论工时、理论重量分部门进行分摊如表8-15所示。

表8-15　　　　　　　　　　　　　　分摊表

物料编码	数量	材料费	外协加工费	人工成本	制造费用分摊
Z齿轮	1	3500	650	630	300

产品实际成本=材料费+外协加工费+人工成本+制造费用分摊=3500+650+630+300=5080元

（3）定额成本与实际成本对比。

产品实际成本与定额成本的差异如表8-16所示。

表8-16　　　　　　　　　　　　　　差异表

类型	实际成本	定额成本	差异	差异率
合计	5080	5500	-420	-7.64%

通过分析和理解这些差异，可以帮助企业评估生产过程中的效率和成本控制情况，从而进行必要的调整和改进。

二、成本定额取得的成效

成本定额管理在企业的生产经营过程中发挥了至关重要的作用。通过实施成本定额管理，公司在多个方面获得了显著的成效，为企业的可持续发展和竞争优势的保持提供了坚实的保障。以下是成本定额取得的五个方面的成效。

（一）帮助企业在投标前掌握主动权

在投标前，准确的成本定额数据使企业能够清楚地了解自身的生产成本，进而在投标报价中占据主动地位。通过对定额成本的掌握，企业能够在制定报价时既保证合理利润，又具备竞争力，从而提高中标率。具体来说，成本定额管理为企业提供了以下支持。

报价合理性：基于成本定额数据，企业可以确保报价的合理性，不会因报价过高而失去竞争机会，也不会因报价过低而损害利润。

成本透明化：清晰的成本构成和各项费用的精确分摊，使报价更加透明可信，有助于赢得客户信任。

（二）在企业生产经营中进行约束

成本定额管理在生产经营过程中起到重要的约束作用，促使企业严格按照既定的成本标准进行生产，从而有效减少浪费，提高资源利用效率。具体表现为以下方面。

监督生产活动：通过成本定额的实施，企业能够实时监控生产活动，及时发现和纠正偏差，确保各环节都在控制范围内进行。

减少浪费：定额管理使各部门明确成本控制目标，促进全员成本意识的提高，从而有效减少材料和工时的浪费。

优化资源配置：通过对成本定额的分析，企业能够识别出生产过程中不合理的资源配置，进而进行优化调整，提高生产效率。

（三）与实际成本的对比分析作用

通过定额成本与实际成本的对比分析，企业能够深入了解生产过程中的各项成本支出，找出成本节约或超支的具体原因，从而进行针对性的改进。具体成效包括以下方面。

发现问题：通过对比分析，企业可以发现成本管理中的薄弱环节和问题所在，为后续改进提供依据。

持续改进：根据对比分析结果，企业能够制定改进措施，优化生产流程，提升整体成本管理水平。

绩效考核：定额成本与实际成本的对比还可作为绩效考核的重要依据，激励员工提高工作效率和成本意识。

（四）作为全面预算的工具，使全面预算有据可循

成本定额管理为企业的全面预算提供了坚实的数据基础，使全面预算的编制和执行更加科学、合理。具体成效包括以下方面。

预算编制科学化：定额管理提供了翔实的成本数据支持，使全面预算的编制更加精准，避免了预算的盲目性和随意性。

预算执行可控性：通过定额管理，企业能够实时监控预算执行情况，确保各项支出符合预算标准，避免超支。

预算调整灵活性：在执行过程中，如遇到实际情况与预算偏差较大，定额管理可以为预算调整提供依据，确保预算的灵活性和适应性。

（五）使企业保持竞争优势、可持续发展

通过科学的成本定额管理，企业在市场竞争中能够保持成本优势，从而提升整体竞争力，实现可持续发展。具体表现为以下方面。

成本优势：有效的成本控制使企业在市场竞争中具备价格优势，有利于扩大市场份额。

质量保障：在成本控制的同时，通过精细化管理，确保产品质量稳定，提升客户满意度和忠诚度。

创新驱动：成本定额管理促使企业不断优化生产流程，创新管理模式，提高生产效率和技术水平，实现长远发展。

综上所述，成本定额管理为企业的生产经营带来了显著的成效，既帮助企业在市场竞争中占据优势，又为企业的可持续发展提供了有力保障。通过持续优化和完善成本定额管理体系，企业将进一步提升整体管理水平，推动高质量发展。

8.4　造价管理

造价管理是指在项目或企业运营过程中，对直接或间接影响成本和投资的各种因素进行全面、系统地规划、控制和优化的一系列管理活动。当造价管理融入全面预算管理框架时，不仅仅关注工程本身的成本控制，而是将其纳入整个企业经营和财务规划的大局中。全面预算下的造价管理覆盖了从项目投资决策、设计、采购、施工、运营到最终处置的全生命周期，旨在通过预算编制、执行、监控和调整，实现工程造价的全过程控制。造价管理需结合企业的整体资源配置，通过预算分析确定最优的成本投入方案，确保每一分投资都能带来最大效益，避免资源的闲置或浪费。从全面预算的角度出发，造价管理是一种集成的、前瞻性的管理实践，它通过精细化的预算编制和执行，确保工程造价在企业全局战略框架内得到最有效的管理，以达到成本效益最大化和企业价值提升的目的。

 案例9：K研究院造价管理案例

在项目管理过程中，造价管理是一个重要的环节。下面将以一个案例来解析造价管理的具体做法。

K研究院加强造价管理工具的运用，对所有项目从开始筹备到建成交付使用的整个过程实行集约化、专业化的造价管理，包括项目预算、招标控制价、项目结算等，进一步促进K研究院项目管理标准化和成本管控精细化，拓宽全面预算管理的广度和深度，为降本增效及高质量发展保驾护航。

一、案例概述

K研究院承揽了某煤矿烧变岩治理工程，工程内容包括钻探工程、注浆工程、孔间物探及其他技术工作等。2022年开始跟踪该项目，2023年中标并开始实施，2023年底项目完成，并通过甲方验收及竣工结算。本项目前期跟踪规划、投标、外协、采购、实施过程管理及竣工验收全过程中造价管理深度融入其中，通过科学合理的造价管理，有效控制了项目成本，提高了项目的经济效益。

二、具体做法

在项目前期跟踪和投标阶段，业务部门与造价人员紧密联系，积极测算项目成本，造价人员对项目预算、投标报价提出专业性指导意见并编制最终投标报价，这样能够在激烈的市场竞争中脱颖而出，提高项目中标率、防范风险，为项目中标后的顺利实施打下坚实的基础。

在项目中标签订合同后，进一步夯实成本，与供应商充分沟通，收集各项工程的造价信息，结合市场行情、工程特点、管理规定等因素，制订更加全面细致的项目目标成本，确保利润水平，本项目制订目标成本率为74.51%。

项目外协采购招标阶段，对预算在10万元以上的采购项目进行审核，充分了解项目现场实际情况、项目技术难度及复杂性、市场行情，考虑各项合理费用，从工程量清单、招标范围、内容、数量、价格、计算规则等方面进行全面复核，参考企业定额等合理准确计算项目招标预算审核价。本项目外协外购共有7项，包括水泥、粉煤灰、黏土、劳务、注浆站、绿化、测量等，通过造价审核，招标预算审减率4.1%，其审核价作为评标的参考依据，避免出现较大偏离，同时控制了项目成本，保证了项目的经济效益。

在项目实施阶段，进行外协变更签证预算审核，现场签证是在施工过程中额外发生的一些事件，它反映了施工过程中的实际情况，但不一定都会引起造价的增加。首先，要分清是谁的责任引起的签证事项，对签字为"情况属实"的签证单，只能说明事实存在，但是否要增加造价，该增加多少都要重点审核。其次，在审核过程中，对合同中有适用或类似于变更工程的单价或总价的按合同已有的价格或参照类似项目的价格，对于费率下浮或总价下浮的工程，变更或新增项目也应按照同等比例下浮后作为变更增加的造价。对合同中没有适用或类似于变更工程的单价或总价的，在审核时重点关注价格的套取是否与合同约定一致，取费标准也应与原投标文件即商务标中的费率一致，如果有下浮或让利的也应按同等比例下浮后作为变更增加的造价。本项目实施过程中，项目团队造价管理意识强，成本管控严格，未发生造价成本增加的变更。

在外协项目竣工结算阶段，开展竣工结算审核，这是项目成本控制的重要组成部分，也是关键性环节。首先，全面仔细核实工程竣工结算资料：一是核实资料的完整性，主要内容包括：施工合同、现场记录、班报表、竣工验收报告、施工组织设计、设计变更以及现场签证等；二是审核结算资料的合法性，是否符合各项管理制度要求，是否竣工验收，现场签证手续是否完善等。其次，审核工程量，它的准确与否直接影响工程造价的准确性，对涉及量大、价高的工程内容应深入施工现场对照实物核实，才能确保工程量审核的准确性。最后，审核价格及计算过程的准确性，尤其是对合同执行时间长，税率有变化的项目要进行调整。本项目7个外协外购竣工结算，通过造价审核，审减率0.2%。

对项目进行成本考核，这是衡量成本降低的实际成果，也是对目标成本完成情况的总结和评价。依据目标成本、实际成本计算项目成本降低率，结合项目部成本形成过程中的变化和诸多影响因素，对项目目标成本的执行情况进行综合分析，确定成本节超，分析原因，总结好的经验，提高项目成本管理水平。本项目成本降低率2.28%，为项目创造了经济效益。

通过以上的造价管理措施，本项目顺利实施完成。精细化的目标成本、严格把控的招标预算、标准化的项目管理以及有成效的成本考核等，使得项目的经济效益得到了充分保障，实现预期目标。

三、取得成效

造价管理工作取得了显著成效，2023年造价工作为主合同结算审计提供技术支撑，为重点项目编制投标报价和预算等共计20多项，造价金额约9亿元；招标预算控制价审核880余项，审减率4.67%，凸显造价在成本管控中的作用；外协竣工结算审核64项，审减金额240万元，实现了成本管控的闭环管理。

造价管理的意义极为重要，在项目各个阶段都发挥着极大的作用，可以节约成本，减少预算，避免资金的浪费和不必要的损失。同时，造价管理工作具有涉及面广、综合性强、工作量大、责任重大等特点，因此在造价管理方面有更严格的要求：首先，造价需要具备丰富的专业知识和技能，包括造价、建筑、材料、工艺、地质、管理、法律、财务等方面的专业知识，熟练分析问题的能力、良好沟通与协调的能力等。其次，工程造价需要具备高度的责任心和管理能力，良好的职业道德水准，精干的业务技能和崇高的敬业精神，在工作中不断总结积累，在实践中不断探索，不断地加强业务学习，随时随地掌握国家有关工程造价管理的法规、政策文件规定。只有努力提高自身的专业水平和业务技能，才能应对工程结算审核工作中遇到的各种不同类型、复杂多变的问题。最后，工程造价需要采用科学的方法和技术，对项目各阶段的费用进行预估和控制，确保项目的经济效益和社会效益最大化。

第9章　全面预算成效

9.1　持续优化经营模式和盈利模式

9.2　助力战略落地，推动降本增效

9.3　提升管理能力，锻炼人才队伍

9.1 持续优化经营模式和盈利模式

经营模式是企业根据经营宗旨，为实现企业所确认的价值定位所采取某一类方式方法的总称。经营模式包含三方面的内容：一是确定企业实现什么样的价值，也就是在产业链中的位置；二是企业的业务范围；三是企业如何来实现价值，采取什么样的手段，能否永久存续下去。A集团所属二级单位Z公司尝试成为"科技乙方"，它与"施工乙方"并列为乙方。如果能成功，它的影响与作用将是巨大的、历史性的、革命性的。

盈利模式就是靠什么赚钱，核心体现在一个"卖"字，是卖产品、卖服务还是卖体验、卖品牌、卖知识产权？是预付费模式、分阶段收费还是后端收费？钱能不能收回来再进行扩大再生产。

企业要认真梳理本单位的经营模式和盈利模式，特别要重视现金流的问题，坚决杜绝"没有收入的合同、没有利润的收入、没有现金的利润"。

近年来，随着工作推进，全面预算从抽象概念变为了实操工具，从方向指引变为了真实案例，A集团上下共同见证了2018年以来全面预算管理方面取得的成效：有效促进并改善了集团公司各单位的经营模式和盈利模式。一是以全面预算把握价值规律。建立以销售预算为起点，以财务三张报表为终点的预算编制流程；强化全面预算管理的价值导向，形成"三上三下"的预算确定路径，促进"一利五率"持续提升；优化全面预算闭环管理，强化预算过程监控和结果考核，开展经济运行过程预警，建立分类考核体系，引导企业发展方向。二是以全面预算修补价值管理薄弱点。制定项目经理责任制相关制度99项，聘任项目经理人855人，开展项目3812项，累计创造营业收入260.8亿元；制定量本利速算相关制度23项，建立的量本利速算模型已经对1376个项目进行了测算，大大提高了招投标快速报价以及产品定价的响应速度；制定定额管理、造价管理相关制度55项，累计节约成本6.8亿元。三是以全面预算促进管理效率大幅提升。集团公司及所属各单位的月度分析、年度预决算的速度越来越快，质量越来越高，管理层耗在数据等待上的时间不断减少，支撑了决策成本不断降低，决策速度不断加快。

9.2　助力战略落地，推动降本增效

A集团以全面预算为引领，七项重点工作为抓手，助力提质降本增效。

一是优化指标体系，分类设档、定标划线，以分解方案促战略落地。围绕"一利五率"，结合集团管理要求，新增净资产收益率、营业现金比率、成本费用总额、差旅费、会议费、居间费等指标，形成由6大类57项指标构成的全面预算批复指标体系。对每项指标逐一确定分解原则，研究并印发《集团公司2023年全面预算分解及重点工作落实方案》，作为集团公司生产经营的工作任务书、重点工作指导书、全年工作手册，确保各项任务层层分解，助力集团战略落地。

二是以示范为牵引，梯次推进、辐射带动，推进全成本管理纵深开展。在量本利速算法、定额管理的基础上，推广应用造价管理，打造全方位、多层次、多维度的成本费用管控模型和运作模式。集团3家全成本核算试点示范单位，统筹谋划、主动作为，在全成本管理方面取得了积极进展：X研究院增强定额成果应用，发挥造价在成本管控过程中的作用，对项目投标预算表、成本费用预算表进行细化，将全成本纳入预算编制范围，扎实开展预算控制价编审和外协项目竣工结算审核工作，发掘各环节可降成本项，全年审核招标控制价800余项，审减金额9000多万元，审减率4.67%；C设计院推广运用"量本利"速算法，构建了一套针对总包项目全过程管理的系统性方法，并对项目全生命周期进行全方位的成本核算，提升项目预算精度，进一步实现精益化管理；B

生产企业成立全成本核算工作组，研究形成实施方案，解决了实际成本核算过程中，长期困扰公司的储备生产令号下实际成本无法通过成本核算系统直接归集的问题。他们分别为研究院、设计院、生产型企业做了积极探索和带头示范，把全成本管理从想法变为办法。

三是用案例说话，解剖项目、深入分析，探寻利润率提升方法。A集团选定3家单位做试点，要求对有代表性的工程总包项目和洗煤厂运营项目做全方位剖析，深入分析成本构成和利润分布，寻找提升营业利润率的方法。3家单位精选案例进行了深入解剖：K研究院以X选煤厂运营项目为例，通过对收入成本分析，从人工成本控制、材料构成及控制、材料成本定额管理、采购管理、库存管理5方面提炼出提升营业利润率的方法。H设计院以Y项目为例，通过落实项目经理负责制、合理编制项目预算、每月对比项目预算和实际差异情况并进行原因剖析，进行监控纠偏，最终项目工程利润率为13.20%，较预算提高3.05个百分点。通过分析发现，土建工程议价能力有限，该部分未能创造利润，拉低了工程利润率。S设计院选取胜利一号露天煤矿至胜利发电厂输煤系统工程EPC总承包项目作为试点项目，分析得出系统设备是项目的利润主要来源，土建工程不产生利润，造成项目总体表现出收入高，利润低的情况。还提出在项目成本测算和预算的衔接环节需要改进的具体做法。

四是以调研为基础，自下而上、层层梳理，找准预算核算管理提升点。集团组织总部财务部的同志围绕全面预算和会计核算体系、经营活动分析、制度和信息化建设，对18家单位开展实地调研学习，通过跑现场、进车间，实地了解产品应用场景、生产管理关键点、销售和采购等业务财务流程，触动思考，打开思路，学到了方法。通过调研发现，很多单位都有好的经验做法，值得集团学习和推广。X研究院积极探索财务管理和信息化融合，构建了销售、生产、物资、财务的管控闭环，实现了产品和技术工程两个主营业务的业财一体管控雏形。T研究院等以ERP系统为平台实现了销售、采购、生产、会计核算业财数据的交互，为经营决策提供多维数据支持。C设计院持续推进精细化管理，编制高质量月度报告及时对经济运行状况进行分析，为管理层决策提供有力支撑。M研究院按照企业会计准则和集团会计核算手册，结合自身业务编制本单位会计核算手册，提升会计标准化。H研究院进一步理顺预算与核算组织架构，加强全面预算理念宣贯，财务向业务前端延伸。S研究院设计生产、四技、工程、科研以及其他业务的信息化报表体系，形成了项目—回款—支出一体化管控模式，有效提高了资金使用效率。P公司借助自身信息化技术优势，自主研发机器人"财务小智"，将项目、合同、会计核算、资金管理等信息深度融合，提升数字化水平。

9.3 提升管理能力，锻炼人才队伍

全面预算管理是一个非常锻炼人的平台，这个平台能够培养管理人员统筹全局的能力、系统思考的能力，提升一般人员业业、业财融合的能力，培养探索创新、用理论解决实际问题的能力。A集团和各单位全面预算管理推进过程中，一批批人才贡献了自己的智慧，在为单位作贡献的同时也实现了个人价值的提升。

比如，有的退休的财务老同志们，以实际行动诠释了兢兢业业、主动作为，给我们留下了宝贵的财富，至今也依然是我们坚强财务咨询的后盾；新任总会计师们，积极履职，担当善为，快速融入经营管理并有力地促进了财务工作的开展；财务部门负责人，提高站位、奋发有为，带领财务队伍在数字化、项目管理、资本运作等多领域做出显著成效。财务人员一直以开放心态学习吸收业务知识，参与工程项目、投资管理、碳排放等多领域业务培训，提升自己综合能力，应收账款、存货管理等业务工作出现了更多财务人员身影，不少财务人员输出到业务领域、管理领域，成长为二级单位领导干部。[1]

---

[1] 2024年3月9日，集团公司2024年度财务工作会议报告《业财一体 数字赋能 以高质量财务管控助推集团公司高质量发展》。

引用材料清单

1.2018年8月2日，集团经济运行工作会议报告《用通俗的会计语言解读企业的经济活动》　报告人：赵寿森

2.2019年10月29日，2020年全面预算工作布置会报告《扎实开展全面预算管理 推动集团高质量发展》　报告人：赵寿森

3.2019年11月29日，集团公司2019年度财务决算视频会议报告《夯实会计基础 落实问题整改 稳步提升集团公司财务决算管理水平》　报告人：赵寿森

4.2020年12月4日，集团公司2020年度财务决算视频会议报告《夯实信息质量 提供决策支撑 努力开创财务工作新局面》　报告人：赵寿森

5.2021年3月2日，集团公司安全生产暨全面预算工作会议报告《凝心聚力 以全面预算管理为抓手 持续推动集团高质量发展》　报告人：赵寿森

6.2021年10月19日，集团公司2021年度财务工作会议报告《集团公司2021年度财务工作报告》　报告人：赵寿森

7.2023年3月1日，集团公司2023年度财务工作会议财务工作报告　报告人：赵寿森

8.2023年4月13日，集团公司2023年度营销工作会议、一季度经营分析会议报告《2023年一季度经济运行情况的通报》　报告人：赵寿森

9.2023年7月24日，全面预算之财务管理专题现场交流会（常州）总结报告　报告人：赵寿森

10.2023年10月16日，集团公司三季度经营会议报告《树牢全面预算管理理念 夯实经营管理基础 应对经济复杂的变化》　报告人：赵寿森

11.2024年1月8日，集团公司企业负责人会议暨二届三次职代会上的提升

价值创造能力专项报告《打造优质的经营模式和盈利模式 推动价值创造不断跃上新台阶》 报告人：赵寿森

12.2024年3月9日，集团公司2024年度财务工作会议报告《业财一体 数字赋能 以高质量财务管控助推集团公司高质量发展》 报告人：赵寿森

13.2024年4月23日，第5期中央企业干部研学班上的演讲稿《中层管理者应具备的基本职业素质》 演讲人：赵寿森

14.赵寿森，富强."科技乙方"商业服务模式创新及应用［J］.煤炭工程，2024，56（5）：1-7.

15.2018年全面预算推进工作指南 编者：赵寿森

16.集团财务简报–2019增刊1–全面预算管理工作专报

17.集团财务简报–2019增刊2–全面预算管理工作专报

18.集团财务简报–2019增刊3–全面预算管理工作专报

19.集团财务简报–2019增刊10–全面预算管理工作专报

20.集团公司全面预算管理办法

21.2024年全面预算汇报提纲

22.集团公司2024年全面预算分解及重点工作落实方案